**Badisches
Landesmuseum**
Karlsruhe

Gewidmet dem Nestor
der Schwarzwalduhrenforschung
Gerd Bender in Furtwangen

FÖRDERVEREIN
MUSEUM
MECHANISCHER
MUSIKINSTRUMENTE
SCHLOSS BRUCHSAL

WOLFGANG HECK · WOLFRAM METZGER

Und ewig ticken die Wälder

UHREN AUS SCHWARZWALDSTUBEN

Mit Textbeiträgen von
Helmut Kahlert und
Ulrike Schwarz

INFO VERLAGSGESELLSCHAFT KARLSRUHE

Katalog zur Ausstellung des Badischen Landesmuseums
im Schloß Bruchsal vom 10. Dezember 1995 bis 14. April 1996

Direktion
Prof. Dr. Harald Siebenmorgen
Badisches Landesmuseum Karlsruhe

Herausgeber
Badisches Landesmuseum Karlsruhe
Dr. Wolfram Metzger

Ausstellung
Idee, Leitung, Beiprogramm: Dr. Wolfram Metzger (BLM)
Konzeption: Wolfgang Heck (Gaggenau - Bad Rotenfels)
Technik: Stefan Beck, Jakob Kreiss (BLM); Manfred Weber (Bruchsal)
Technische Mitarbeit: Aufsichtspersonal (BLM Schloß Bruchsal), Otto Kiesel (BLM);
Steffen Bohlender (Bruchsal); Silvia Kreiss (Heidelsheim); Birgit Metzger,
Ronja Metzger, Sabine Metzger (Stutensee)
Organisatorische Mitarbeit: Otto Ihle, Heinz Rauber (Stadt Bruchsal);
Peter Braun, Richard Gantner, Werner Hahn mit Fahrbereitschaft (OFD);
Oberaufsicht (BLM Schloß Bruchsal)
Sekretariat: Angela Schwarz (BLM)
Kunst-Collagen: Roswitha Klas (Karlsruhe)
Einladung, Plakat, Werbeprospekt und Megaprints:
Artbox Design Agentur Bruchsal
Ton- und Videoaufnahmen: Fa. Leist (Bruchsal)

Publikation
Redaktion: Dr. Wolfram Metzger (BLM)
Mitarbeit: Sabine Metzger (Stutensee)
Zwischentexte: Wolfgang Heck (Gaggenau - Bad Rotenfels)
Legende: Wolfgang Heck (Gaggenau - Bad Rotenfels); Roman Helfen
(Schönwald); Dr. Peter Rastätter (Zeutern); Ulrike Schwarz (Freiburg)
Farbfotos: Thomas Goldschmidt (BLM)

 Ausstellung und Katalog werden gefördert
durch SEW-Eurodrive Bruchsal

Die Publikation erscheint in der INFO-Reihe
Dokumente zur Landesgeschichte
Herausgegeben von Klaus E.R. Lindemann

Verlag
INFO Verlagsgesellschaft Karlsruhe
Gestaltung und Redaktion: Thomas S. Lindemann

Satz
INFO*graphic*

© 1995 · INFO Verlagsgesellschaft · Postfach 33 67 · D - 76019 Karlsruhe
Telefon 0721 / 61 78 88 · Fax 0721 / 62 12 38

ISBN 3-88190-193-0

INHALT

Außergewöhnliche Lackschilduhr aus dem Schwarzwald, um 1830. – Privat

VORWORT

Prof. Dr. Harald Siebenmorgen
Direktor des Badischen Landesmuseums

Das Badische Landesmuseum veranstaltet auch 1995 wieder eine volkskundliche Sonderausstellung im Schloß Bruchsal. Es hätte dieses Jahr kaum ein anspruchsvolleres Thema sein können als das der Schwarzwalduhr, eines der prominentesten und faszinierendsten Gebiete der badischen Volkskunde schlechthin. Die Schwarzwalduhr wurde in Gestalt der Lackschilduhr und nach der Mitte des 19. Jahrhunderts in der "Kuckucksuhr" zum Inbegriff Schwarzwälder "Volkskunst". In dieser Form lebt sie bis heute als Deutschland-Souvenir amerikanischer oder japanischer Reisegruppen in Nachahmung fort, die man freilich wie am Titisee auch in Heidelberg oder München auf dem Europatrip erwerben kann.

Die Schwarzwälder Uhrenindustrie geht freilich im 20. Jahrhundert andere Wege und ist stets bemüht, auch nach vielen Rückschlägen, in der technischen und kulturellen Entwicklung mit der Zeit zu gehen. Und genauso läßt sich in der Geschichte der Schwarzwalduhr von der zweiten Hälfte des 17. Jahrhunderts an immer wieder ein erstaunlicher Wandel in Technik, Produktionsweise und Gestalt beobachten. Immerhin: Handel und Export gehörten von früher Zeit an zum Uhrengewerbe im Schwarzwald dazu – vom Wirtschaftsverkehr an den Paßstraßen durch den südlichen Schwarzwald, an denen östlich von St. Peter und St. Märgen das Entstehungszentrum der Uhrmacherei lag, über die "Uhrenträger" mit ihren Krätzen, den Vertrieb bis nach Übersee und die systematische staatliche Gewerbeförderung in der zweiten Hälfte des 19. Jahrhunderts.

Ausstellung und Katalog zeichnen diese Entwicklung in ausführlicher Breite nach. Sie spricht auch die Sagen und Legenden an, die sich um die Schwarzwalduhr ranken und mißt sich an der wissenschaftlichen Überlieferung, ohne sie allerdings vollständig, gerade was die Anfänge und Frühzeit angeht, auflösen zu können. Und darin liegt auch der Reiz der Ausstellung "... und ewig ticken die Wälder", Realität und romantischen Mythos aus der "Gefühlslandschaft" Schwarzwald gleichermaßen zu thematisieren. Zumindest im deutschen Gemütshaushalt wird der Schwarzwald wohl immer vom Ticken, Schlagen und dem Kuckucksruf der Uhren erfüllt sein.

Idee und Organisation der Ausstellung sind Herrn Dr. Wolfram Metzger, Badisches Landesmuseum, Konzeption Herrn Wolfgang Heck, Gaggenau-Bad Rotenfels, zu verdanken. Sie wäre nicht finanzierbar gewesen ohne das große Engagement der Firma SEW-Eurodrive, Bruchsal, und den Beitrag der Stadt Bruchsal. Dafür sei ebenso herzlichen Dank ausgesprochen wie allen weiteren Mitwirkenden: Leihgebern, Katalogbeiträgern, Grafik, Foto und dem Verlag.

Uhrenhändler: Holzgeschnitzte, farbig bemalte Figuren in Schwarzwäldertracht. – St. Paul im Lavanttal

UND EWIG TICKEN DIE WÄLDER

ASPEKTE EINER AUSSTELLUNG

Wolfram Metzger

Ja, ufem Schwarzwald isch's halt nett.
Potz Himme'lhaidewedder!
Dia Dannebaim; wo's bi üs het.
Des git üch d'beschdi Bredder.
E Viarli fin, Dreiviarli g'nau
Git d'beschdi Wälderuhre.
E Viarli grob, Dreiviarli schlau
Git d'beschdi Wälderbure.

August Ganther

Volkskundliche Sonderausstellungen

Im Frühsommer 1980 veranstaltete das Badische Landesmuseum im Schloß Bruchsal die große Landesausstellung zum "Barock im Deutschen Südwesten". Die u. a. dargestellte Entstehungsgeschichte einer barocken Volkskultur verhalf dieser Ausstellung zu großem Erfolg. Aus dieser Situation heraus entwickelte sich die Idee, weiterhin volkskundliche Ausstellungen am gleichen Veranstaltungsort zu zeigen. In der Folgezeit konnten bis heute 13 Ausstellungen zu Themen aus den Bereichen der Volkskultur und der allgemeinen Kulturgeschichte ermöglicht werden. Aus letzterem Bereich ist die umfassende Präsentation zum Fächer unter dem Titel "Der Schönen Blicke Zügel" (1989/90) als Beispiel zu erwähnen. Große Beachtung fanden die Präsentationen aus dem Bereich der Welt des Spielzeugs, besonders in ihrer Gegenüberstellung von Puppenwelt mit Wirklichkeit.

Als volkskundliche Themenbereiche wurden "Alte Bauernmöbel. Bemaltes Mobiliar aus Baden" (1983/84) vorgestellt. Diese Ausstellung verglich mit exemplarischen und wichtigen Stücken die Möbelregion des Schwarzwaldes mit der des Badischen Odenwaldes.

In einer Schau zur gestalteten Baukeramik präsentierten sich Ofenwandplättchen und Feierabendziegel u.a. aus dem Nordschwarzwald unter dem Titel "von erd bin ich gemacht" (1990/91). Schon einmal war die "Schwarzwalduhr" zu Gast im Schloß Bruchsal. Damals, in der Präsentation "Zeugnisse der Volkskultur" (1986), waren die Schwarzwalduhren in den Kanon der volkskundlichen Sachkultur des Raumes Baden eingebunden und standen repräsentativ für die Region des Schwarzwaldes. Diesmal aber sind die Uhren aus der Frühzeit der Herstellung in diesem Gebiet alleiniger Inhalt einer Sonderausstellung: Das Thema lautet "Und ewig ticken die Wälder. Uhren aus Schwarzwaldstuben". Die Ausstellung läuft vom 10. Dezember 1995 bis 14. April 1996 im Schloß Bruchsal.

Ausstellungsort

Bruchsals große Zeit wurde das 18. Jahrhundert, als die Speyerer Fürstbischöfe ihren Sitz in den rechtsrheinischen Teil des Bistums verlegten. Fürstbischof Damian Hugo von Schönborn fand in Bruchsal ideale Bedingungen für einen Residenzbau vor. Mit Umsicht und Tatkraft führte er seine Pläne durch, u.a. mit der Hilfe des großen Baumeisters Balthasar Neumann. Bei seinem Tod im Jahre 1743 war der große Schloßkomplex, der aus ca. 50 einzelnen Bauten besteht, äußerlich fertiggestellt. Unter seinem Nachfolger, Fürstbischof Franz Christoph von Hutten, erhielt das Schloß dann seine prachtvolle Innenausstattung. Nur knapp 80 Jahre war Bruchsal Residenzstadt gewesen, als sie im Vollzug des Reichsdeputationshauptschlusses im Jahre 1803 zusammen mit dem gesamten rechtsrheinischen Teil des Bistums an das Haus Baden gelangte.

Bruchsal sah noch einmal höfischen Glanz, als die Markgräfin Amalie von Baden, die als "Schwiegermutter Europas" in die Geschichte eingegangen ist, das Schloß zu ihrem Witwensitz erkor.

Elephant: Detail eines Wirkteppichs, Beauvais, um 1700. – BLM, Museum "Höfische Kunst des Barock", Schloß Bruchsal

Am 1. März 1945 gingen Stadt und Schloß durch einen verheerenden Bombenangriff in Flammen auf und wurden binnen weniger Minuten in Schutt und Asche gelegt.

Bei der meisterhaften Rekonstruktion und Restauration des Schlosses sind der Mitteltrakt des genialen Barockbaumeisters Balthasar Neumann, das berühmte Treppenhaus mit dem Kuppelsaal sowie der Marmor- und Fürstensaal in ihrer historischen Gestalt glanzvoll wieder erstanden.

Alle anderen Innenräume dagegen wurden modern gestaltet und weitgehend öffentlicher Nutzung zugeführt, u.a. durch Zweigmuseen des Badischen Landesmuseums Karlsruhe. In einer Dauer-Ausstellung wird "Höfische Kunst des Barock" präsentiert. Objekte Bruchsaler Herkunft finden besondere Berücksichtigung. Bestimmend für die museale Gestaltung der Ausstellungssäle waren mehrere Serien von Wirkteppichen.

Diesen einzigartigen Teppichfolgen, hervorragende Beispiele flämischer und französischer Bildwirkerei des 16. bis 18. Jahrhunderts, kann heute in der Bundesrepublik kaum eine andere, an künstlerischer Vielfalt vergleichbare Kollektion an die Seite gestellt werden. Ihre überragende Bedeutung beruht auf der Vollzähligkeit der Serien. Die Wirkteppiche, die wir fürstlicher Sammelleidenschaft verdanken, stammen zum Teil aus Schloß Bruchsal selbst. Andere wurden im 19. und am Anfang unseres Jahrhunderts nach hier verbracht. Vordem befanden sie sich in verschiedenen großherzoglich badischen Schlössern. Zusammen mit einer Reihe wertvoller Möbel und Gemälde waren die Behänge während des Zweiten Weltkrieges ausgelagert und überlebten dank dieser Vorsichtsmaßnahmen die Kriegszeit.

Um den Schwerpunkt "Teppichfolgen" gruppieren sich dazu passend Gemälde, Skulpturen, Möbel, Prunkwaffen, Fayencen und Gläser. Dazu kommen wertvolle Leihgaben an liturgischem Gerät und Gewänder, die aus der ehemaligen fürstbischöflichen Hofkapelle stammten oder ursprünglich zum Ritterstift Odenheim im Kraichgau gehörten.

Museum Mechanischer Musikinstrumente

Als weiteres Zweigmuseum des Badischen Landesmuseums befindet sich im Schloß das Museum Mechanischer Musikinstrumente. Seit dem Entstehen technikgeschichtlicher Museen wird auch das Phänomen der automatischen Musikwiedergabe als kulturgeschichtlich von hohem Interesse angesehen und museal aufgearbeitet.

In Deutschland ist es das einzige Museum dieser Art in staatlicher Trägerschaft. Schon zu allen Zeiten wollten die Menschen Musik hören, ohne selbst ein Instrument betätigen zu müssen. Dieser Traum ist so alt wie die Musik. Aus riesigen Schränken, in denen ganze Orchester verborgen zu sein scheinen, ertönen Walzerklänge, Schlagermelodien, ja jede Art von Musik – in bester Tonqualität. Die Tasten von Flügeln und Klavieren werden wie von Geisterhand bewegt, Orgelklänge bezaubern, Geigen spielen unter Klavierbegleitung wie von selbst zum Tanze auf. Lebensgroße Figuren, die Akkordeon und Schlagzeug betätigen, bewegen sich in Mimik und Gestik völlig natürlich. In zarten Tönen lassen sich Spielwerke vernehmen, die in winzige Schmuckstücke oder Taschenuhren genauso eingebaut wurden wie in Puppenautomaten, Nähkästchen, Fotoalben oder Puderdosen.

Die mehr als 400 Exponate dokumentieren die wichtigsten Herstellungszentren von Musikautomaten. Der Schwarzwald steht dabei im Mittelpunkt: Ausgehend vom ersten automatischen Musikwerk, dem Kuckucksruf in der Uhr, die gleichsam zum Symbol für diese Region wurde, über die Flötenuhren mit ihren Orgelwerken zu den großen Orchestrien und technisch hochwertigen Reproduktionsklavieren. Die Namen von Firmen wie Bruder, Ruth und Weber aus Waldkirch oder Welte aus Freiburg hatten hierbei Weltgeltung. Daneben sind aber auch die Leipziger Hersteller und die Geräte amerikanischer Herkunft beispielhaft vertreten, Schweizer Spieldosen finden sich neben ihren Nachahmern aus japanischer Produktion.

Das Museum hat weltweite Akzeptanz in der

Singvogel-Automat, Schwarzwald, um 1820.
BLM, Museum Mechanischer Musikinstrumente, Schloß Bruchsal

Szene der Sammler und Liebhaber mechanischer Musikinstrumente und ist darüber hinaus zum beliebten touristischen Anziehungspunkt geworden. Zudem entwickelte es sich zu einem vielbeachteten und unverzichtbaren Faktor im Kulturleben der Stadt Bruchsal und der TechnologieRegion Karlsruhe.

In den vergangenen 11 Jahren haben sich über 400.000 Personen, ob als Einzelbesucher oder in Gruppen, vom klingenden Phänomen der Musikautomaten im Schloß Bruchsal faszinieren lassen.

In einer großen Schaustellung erobern jetzt die ehemaligen Uhren des "gemeinen Mannes" das Schloß und warten auf ein interessiertes und zahlreiches Publikum.

Industriestandort

Der Einbau des Kuckuckrufes in Uhren verhalf der Schwarzwälderuhr zu ihrer erfolgreichsten Variante. Der Kuckucksruf wird durch das Prinzip einer Orgel mit zwei Tönen ermöglicht; er ist damit gleichsam ein Vorläufer der Flötenuhren und der daraus hervorgegangenen Produktion von Musikautomaten.

Die "Patriarchen" der Herstellung mechanischer Musikinstrumente wie z.B. Ignatz Bruder (1780 – 1845), der "Erfinder" der Drehorgel für den Schwarzwald, versuchten sich zuvor als Flötenuhrenmacher. Im Zusammenhang mit den mechanischen Musikinstrumenten bietet sich von daher das Schloß Bruchsal als Standort für eine Präsentation zur Frühzeit der Schwarzwalduhr an.

Beide Bereiche – Uhrenherstellung und Musikautomatenproduktion – mehrten den Ruf des Gewerbefleißes im Großherzogtum Baden. Der Ruhm seiner Industrieproduktion verhalf dem Großherzogtum zum Beinamen "Musterländle". Der heutige Industriestandort Baden-Württemberg als Zentrum der feinmechanischen Industrie mit Weltgeltung gründet sich auf den Einfallsreichtum der damaligen Tüftler und Bastler. Auch dies gilt es an Beispielen aus der Frühzeit der Uhrenherstellung im Schwarzwald durch die Ausstellung darzustellen.

Markgräfliche Sammlungen

In der Folge der mehr als 7.000 Losnummern, aufgelistet in den Katalogen zur Auktion der markgräflichen Sammlungen zu Baden-Baden im Oktober 1995, befanden sich keine Schwarzwälder Holzräderuhren aus der Frühzeit. Ähnliches ist für den nachfolgenden Zeitabschnitt mit den Lackschilduhren festzustellen, von denen nur ganz wenige Exemplare auktioniert wurden. Besonders auffallend ist das Fehlen der Uhren mit kunstvollen Automaten und der Musikuhren, die gegen Ende des 18. Jahrhunderts das Bild der Schwarzwalduhr geprägt haben und den Ruf der Uhrenmacher mehrten.

Dies mag auf den ersten Blick irritieren, wird aber dadurch erklärlich, daß die Gebiete mit der Herstellung der frühen Uhren in Vorderösterreich und im Herrschaftsbereich der Klöster lagen, also unter Habsburger Einfluß standen. Erst durch die territorialen Veränderungen in der napoleonischen Zeit gelangten diese Gebiete in das zum Großherzogtum aufgestiegene Baden.

Insgesamt gesehen fanden sich etwa 70 Uhren verschiedenster Art und Provenienz im Auktionsangebot. Die 14 verschiedenen Bezeichnungen der Uhren wie Tischuhr, Kaminuhr, Galerieuhr, Pendule, Zappler-Uhr, Telleruhr, Kartelluhr, Wanduhr mit Kalender, Standuhr, Reiseuhr, Globusuhr, Pyramidenuhr, Pendule d'Officier und Schilduhr verteilten sich auf 10 verschiedene Herkunftsgebiete, wobei Frankreich und die Schweiz im Vordergrund standen.

Für das Museum Mechanischer Musikinstrumente konnte mit Hilfe des Unternehmens SEW-Eurodrive, mit Sitz in Bruchsal, Los Nr. 121 ersteigert werden: "Hochbedeutende Kaminuhr mit Elephant und Flötenspielwerk, Louis XV, Frankreich, Paris, ca. 1750/60". Die

Kaminuhr mit Elephant und Flötenspielwerk, Paris, um 1750/60. – BLM, Museum Mechanischer Musikinstrumente, Schloß Bruchsal

Elephantenuhr findet sich erstmals erwähnt im Bruchsaler Schloß-Inventar von 1859, aufgestellt in der Belle Etage als "Eine große Spiel-Uhr, das Gestell von Bronze und Schildkrot, ein Elefant trägt die Uhr". Als Zugang von 1869 wird sie dann im Karlsruher Schloß-Inventar erwähnt mit Aufstellung im Blauen Courzimmer. Jetzt kehrte diese Musikuhr wieder an ihren ursprünglichen Standort Schloß Bruchsal zurück. Ebenfalls zurückgefunden hat den Weg ins Schloß Karlsruhe durch großzügiges Mäzenatentum Los Nr. 1005: "Sehr bedeutende und seltene Tischuhr mit Glocken- und Orgelspielwerk, Transition Louis XV – Louis XVI, Frankreich, Paris, ca. 1770".

Dagegen gab es etwa 25 Objekte mit Herkunftsbezeichnung Schwarzwald. Sie stammen mehrheitlich aus der Zeit, als sich die Schwarzwalduhrenherstellung vom Hausgewerbe zur industriellen Fertigung wandelte. Jetzt fanden sich z.B. Wanduhren, die Gemeinden des Schwarzwaldes anfertigen ließen, um sie als Huldigungsobjekte Mitgliedern des Großherzoglichen Hauses bei Jubiläen oder Besuchen zu dedizieren. Im Deutschen Uhrenmuseum Furtwangen finden sich Zweitausfertigungen solcher Uhren; sie sind im Katalog "Die Historische Uhrensammlung Furtwangen" von Adolph Kistner 1925 verzeichnet. Das Badische Landesmuseum konnte jetzt aus den Markgräflichen Sammlungen zwei Regulatoren erwerben, die Huldigungsadressen, anläßlich des 40jährigen Ehejubiläums des Großherzoglichen Paares Friedrich I. und Luise von Baden im Jahre 1896, der Gewerbevereine von Föhrenbach und St. Georgen enthalten. Ausnahme bildete ein Vorderzappler aus dem ersten Drittel des 19. Jahrhunderts mit einem biertrinkenden Bauern auf Eisenblech gemalt. Diese Uhr konnte mit Hilfe der Ursula-Blickle-Stiftung eigens für diese Ausstellung ersteigert werden. Auch fanden sog. Jagdstücke Eingang in die großherzoglichen Schlösser. Ihre Beliebtheit ist im Zusammenhang mit den Trophäensammlungen zu sehen. Die geringere Beachtung der Uhr badischer Provenienz im Vergleich mit der Kunstuhr der Zeit kann sicher nicht auf eine Bezie-

hungslosigkeit zwischen Obrigkeit und Untertanen zurückgeführt werden. Der entscheidende Grund für die offensichtliche Nichtbeachtung von Uhren aus heimischer Produktion durch das Herrscherhaus mag darin liegen, daß die Zeitmesser aus dem Schwarzwald – mögen sie noch so kunstvoll ausgestaltet gewesen sein – auf Grund ihrer genialischen Einfachheit die Voraussetzung als Uhr des einfachen Mannes mitbrachten und deshalb in Massen gefertigt wurden. Sie fanden kaum Zugang in den Lebensbereich der gehobenen Gesellschaftskreise. Die Uhr gehörte zur Einrichtung der Bauernstuben – aus der sie ja auch kam – und der Handwerkerhäuser in den kleinen Landstädten. Sie diente als Musikuhr zur Unterhaltung in Gaststuben auf dem Lande und in der Guten Stube des Bürgertums, also der unteren und mittleren Bevölkerungsschichten. Zudem fand im Verlauf des 19. Jahrhunderts die Schwarzwalduhr als "Massenware" zunehmend Eingang in die Arbeiterwohnungen von Berlin bis Manchester.

Uhr des gemeinen Mannes

Paul Jacob Marperger, ein politischer Ökonom des Absolutismus, forderte in seiner 1723 erschienenen Monographie "Horologiographia" den gesteigerten Gebrauch von Uhren im Alltag, um damit das Zeitbewußtsein der Menschen zu fördern.

Unter der "Uhrmacher-Kunst" führt er die großen und kleinen Uhrmacher auf, die zum einen "die Kirch-Schlag- und Zeiger-Uhr" zum anderen die "Künstliche Sach- und Zimmer-Uhren" herstellen. Er fügt als dritte Art solche Uhrmacher bei, "deren es unter gemeinen Handwercks ja auch Bauers-Leute sehr viel gibt, welche aus lauter höltzernen Getrieben, und Rädern brauchbare Uhren, vor ein geringes Geld zu verfertigen wissen".

Marperger sieht große Vorteile in der Einführung der Uhren auch auf dem Lande: "Solches beweisen wir erstlich, aus dem vielfältigen daraus zu kommenden Nutzen, der in Abmessung der Gebets- und Arbeitszeit, bey theils sehr rohem Bauers-Volck zu erzielen

wäre, als auch aus denen unter ihnen stecken-
den trefflichen Ingenies." Hier liegt eine der
Wurzeln der These von den Bauernuhrma-
chern begründet.

Es ist nicht bekannt, ob Marperger Uhren
aus dem Schwarzwald kannte. Festzuhalten
ist, daß seine Ausführungen das Bedürfnis einer Zeitmessung für das allgemeine Volk zu
Beginn des 18. Jahrhunderts klar zum Aus-
druck bringen. Diesen Forderungen entspricht
die Schwarzwalduhr als genialisch einfache,
in größeren Stückzahlen zu fertigende und
deshalb auch für die breite Masse der einfachen Leute der Bauern, Handwerker und
Kleinbürger der Städte zu erwerbende Uhr.
"Merkwürdige und zugleich, besonders für
den gemeinen Mann, sehr nützliche Uhren
sind die Schwarzwälder Uhren ...", erkannten
schon die frühen Chronisten der Schwarzwalduhr.

Werbeprospekt des Landwirtschaftsministeriums
Baden-Württemberg aus den 70er Jahren. – Privat

Schwarzwald-Stereotype

"In der Hauptsache lebt der Schwarzwälder
von der Uhren- und von der Fremdenindu-
strie. Das ist eine fruchtbare Wechselwirkung.
Die Kuckucksuhren werden als Fertigware
aus-, die Fremden als Rohstoff eingeführt. Beide fühlen sich wohl dabei; die Kuckucksuhren
am Mississippi und die Fremden am Titisee",
so sieht Amadeus Siebenpunkt die Situation
des Schwarzwaldes in „Deutschland deine
Badener". Mögen sich die Bedingungen der
Uhren- und Fremdenverkehrsindustrie auch in
den letzten 20 Jahren gewandelt haben, die
Schwarzwalduhr – vor allem in ihrer erfolgreichsten Variante, der Kuckucksuhr – gehört
zu den unverwechselbaren Stereotypen dieser
Region. Sie ist zusammen mit Schwarzwälder
Schinken und Kirschwasser sowie dem "pitto-
resken" Bollenhut zu einem Symbol ver-
schmolzen. Dieses ausdrucksstarke Symbol ist
zu der Stereotype für den Begriff "Schwarzwald" geworden und wird intensiv für Rekla-
mezwecke und in der Fremdenverkehrswerbung genutzt.

Wenn auch die Uhrenindustrie im Schwarzwald in den letzten Jahren immer mehr zu-
rückgedrängt wird, so bildet sie immer noch
einen Teil der Identität dieser Region. Heute
versucht dieser Industriezweig den Wandel
von der Herstellung einer Massenware zu
High-Tech-Produkten wie z.B. solarzellenge-
steuerter Funkuhren zu schaffen. Modische
und exklusive Designeruhren sind ein anderer
Weg, der rezessiven Uhrenproduktion wieder
auf die Sprünge zu verhelfen. Diesen Weg
geht die traditionsreiche Firma Junghans.

Der Schwarzwald:
Land und Leute in früherer Zeit

Der Schwarzwald, ein Gebirge im südwestlichen Deutschland, wird im Süden und Westen vom Oberrheintal und Rheintal und im
Norden vom Kraichgau begrenzt. Im Osten
schließt sich ein flacher Übergang in das
schwäbische Stufenland an.

Der Schwarzwald, ein Raum mit eigenständigem Charakter und unverwechselbarer Individualität erscheint nach außen hin als eine geographische Einheit. Sieht man sich das Gebirge genauer an, erkennt man die vielfältigsten Erscheinungsformen im Natur-, Kultur- und Wirtschaftsleben.

Der Schwarzwald ist etwa 160 km lang, im Süden 60 km und im Norden 22 km breit. Von der Gesamtfläche von 5000 km² ist etwa 60 % mit Wald bedeckt. Damit weist diese Region die stärkste Bewaldung aller südwestdeutschen Naturräume auf. Der Übergang vom Eichen-Buchenwald zum Fichtenwald liegt zwischen 900 m Höhe im Westen und 700 m Höhe im Norden und Osten. Rodung, Waldgewerbe und Waldweide veränderten den ursprünglichen Waldbestand tiefgreifend. Dazu kommt die rentabilitätsorientierte "Verfichtung" der letzten Jahrhunderte, die den ehemals überwiegend mit Laubwald bedeckten Schwarzwald so stark umgewandelt hat, daß er nun zu vier Fünfteln mit Nadelholz bestockt ist.

Die Besiedlungsgeschichte des Schwarzwaldes begann erst zwischen dem 9. und 14. Jahrhundert. Die großen Täler dienten als Leitlinien der jungen Besiedlung. An ihnen entwickelten sich Rodungsgassen, während die Hochflächen von Rodungsinseln durchsetzt wurden. Träger und Initiatoren der Besiedlung waren geistliche und weltliche Herren, die vom Vorland aus mit ihren Herrschaftsgebieten in den Schwarzwald vorstießen. Darauf ist auch die starke territoriale Zersplitterung des Schwarzwaldes zurückzuführen. Von Osten griffen u.a. die Württemberger und Fürstenberger Territorien, von Westen die badischen Markgrafen und das Hochstift Straßburg "in den Wald" über.

Die eingewanderte Bevölkerung wurde durch die Auseinandersetzung mit der Natur zu einem eigenen Menschenschlag geformt, konservativ und genügsam, was sich in besonderen Lebensformen und Gebräuchen äußerte. Die im Schwarzwald lebenden Menschen veränderten den Wald, und der Wald prägte ihr Leben.

Porträt einer jungen Bäuerin. Trachtenbild von Lucian Reich, 1836

Ein älterer Bauersmann. Trachtenbild von Johann Baptist Kirner, um 1840

Schwarzwaldlandschaften

In besonderem Maße anpassungsfähig zeigt sich der Schwarzwälder in seiner Wirtschaftsweise. In den klimatisch begünstigteren Rändern des Schwarzwaldes trifft man noch vereinzelt Wein- und Obstbau, während im Innern des Gebirges, dem rauhen Klima angepaßt, die Reutberg-, Feldwald- und Feldgraswirtschaft mit Viehhaltung vorherrscht. Getreideanbau war früher nur dort üblich, wo die große Streulage und Abgeschlossenheit der Höfe die Betriebe zur Autarkie zwang.

Die ausgeprägte Viehwirtschaft erforderte große Weidefläche. Die Agrarverfassung des Schwarzwaldes sah deshalb vor, daß diese großen Hofgüter ungeteilt an den jüngsten Sohn weitervererbt wurden. Die Geschwister des Hoferben blieben als Knecht und Magd im Haus oder erhielten ein kleines Stück Land, auf dem sie ein Häuschen bauen konnten. Um aber vom Bruder unabhängig zu sein und eine Familie ernähren zu können, mußten sich diese "Häusler" nach anderen Erwerbsmöglichkeiten umsehen. Vom Boden allein war die anwachsende Bevölkerung seit dem 16. Jahrhundert nicht mehr zu ernähren. Im Gegensatz zu Gebieten mit Realerbteilung führte dies zu einer starken Belebung handwerklicher und gewerblicher Tätigkeiten. Neben landwirtschaftlicher Lohnarbeit boten sich in frühester Zeit Bergbau, Waldgewerbe und Handwerk als weitere Verdienstmöglichkeiten an.

Der frühere Bergbau profitierte seit dem Mittelalter vom großen Angebot an Mineralien, Holz und Wasser. Vom 13. bis 15. Jahrhundert existierte Silberbergbau u.a. im Kinzigtal und am Schauinsland. Das Silber aus den Schwarzwälder Gruben wurde weitgehend den oberrheinischen Münzstätten zugeführt. Es bestanden weitere Gruben, die die verschiedenen Bodenschätze wie Kupfer, Blei, Schwerspat, Kobalt und Eisen zu Tage förderten. Den Gruben waren oftmals Betriebe angeschlossen, die die geförderten Erze an Ort und Stelle weiterverarbeiteten. Es entstanden zahlreiche Verhüttungsbetriebe, Hammerschmieden, Eisen- und Geschützgießereien. Diese Betriebe nutzten die zur Verfügung stehenden Naturressourcen wie Wasser und Holz und schufen gleichzeitig durch den großen Holzverbrauch für die Landwirtschaft Reutfelder. Die Hammerschmieden fertigten Eisennägel, Geräte und Werkzeuge, reichverzierte Schmiedearbeiten wie Grabkreuze und Wirtshausschilder.

Eigenmächtiges Schlagen von Holz führte schon um 1500 zu Klagen der adeligen Waldbesitzer, denn in zunehmendem Maße entstanden Gewerbe wie Kübler, Harzer, Pechsieder, Köhler, Schnefler, die alle vom Holz des Waldes lebten. Diese Waldgewerbe boten somit den vielen Landbewohnern mit geringem Besitz weitere Erwerbsmöglichkeiten, bzw. den Besitzlosen eine Existenzgrundlage.

Die Schwarzwälder Bauern mußten sich wegen der Abgelegenheit der Höfe und der langen Winter selbst versorgen. Der Bauer fertigte mit seinen Knechten und Mägden aus Holz und Flachs vieles, was zum Wirtschaften nötig war: Wagenteile, Joche, Pflüge, Heurechen, Stall- und Haushaltsgeräte, Kleidung, Bettzeug und anderes mehr wurde mit viel Sorgfalt auf den "Schnideseln" (Schnitzbänke) bzw. Spinnrädern während der langen Winterabende hergesellt. Der Schwarzwälder entwickelte dabei besonders große Geschicklichkeit beim Umgang mit dem Schnitzmesser. Die Geräte waren oft mit schönen Kerbschnittverzierungen und Monogrammen geschmückt. Im 18. Jahrhundert bildete sich dann das Gewerbe der "Schnefler" heraus, die sich neben der Bestellung ihrer kleinen Landwirtschaft mit Schnitzen den Lebensunterhalt verdienten.

Die großen Bauernhöfe waren auch dann noch auf Selbstversorgung bedacht, als sich das Landhandwerk auszubreiten begann, bzw. es sich verselbständigte. Sie banden das Handwerk an sich, indem sie die Handwerker auf dem Hof bzw. "auf der Stör" arbeiten ließen. Der Bauer stellte ihnen das Arbeitsmaterial zur Verfügung und bezahlte den Störhandwerker an Martini meist mit Naturalien. Zu diesen umherziehenden Handwerkern gehörten vor allem die Schindelmacher, Schneider, Schuhmacher, Schiedemacher (Korb-

flechter) und Sattler. Es gab daneben auch in den Städten und größeren Marktflecken, in den Tälern und an den Gebirgsrändern Handwerker mit eigenem, geregeltem Werkstattbetrieb, die zunftmäßig organisiert waren.

Neben der "Störnaierin" entwickelte sich ab dem 17. Jahrhundert ein Trachtenhandwerk, das meist von ledigen Mädchen und Frauen ausgeübt wurde. Sie zogen ebenfalls von Hof zu Hof.

Überall, wo im Schwarzwald guter Ton zu finden war und sich Absatzmöglichkeiten boten, gab es ab dem 16. bis ins 20. Jahrhundert kleine Hafnereien. Ihre Hauptabnehmer waren die bäuerlichen Haushalte in der Umgebung. Neben den einfachen Hafnerwaren stellten sie auch das bunte Festtagsgeschirr her. Nach dem Formen des Tons war es meist Aufgabe der Frau des Töpfers, die großen Platten, Teller, Schüsseln und Kannen mit Hilfe eines Malhörnchens mit Sprüchen, Blumen und Tieren zu bemalen.

Seit dem Mittelalter war im Schwarzwald die Glasmacherei heimisch. Der Wald bot alles, was zur Glasherstellung benötigt wurde: Buchenholz, welches zu Pottasche verbrannt wurde, den Quarzsand in Bächen, Tannen und Fichtenholz zum Feuern der Schmelzöfen. Für das grüne Waldglas mischte man drei Teile Pottasche mit einem Teil Sand, dazu Salz und Kohlenstaub. Erst zu Beginn des 17. Jahrhunderts war man in der Lage, kristallklares Glas herzustellen.

Die Glasmacherei war ein Gemeinschaftsunternehmen. Meist schlossen sich mehrere selbständige Meister zusammen und erwarben vom Landesherrn das Privileg, eine Hütte zu gründen, verbunden mit dem Recht, eine festgelegte Menge Holz in einer bestimmten Anzahl von Jahren abzuholzen. Vielfach förderten Klöster wie z.B. St. Blasien und St. Peter die Ansiedlung von Glashütten. Die Glasmacher waren nicht leibeigen und gingen als wichtige Verpflichtung ein, den abgeholzten Wald von Wurzelresten zu befreien. Um eine bestimmte Menge Glas herzustellen, verbrauchte man damals für das Sieden der Pottasche ca. 97 % Holz und nur 3 %

Holz für das Schmelzen der Glasmasse. Durch den hohen Holzverbrauch wanderten diese Hütten oft in neue unerschlossene Waldgebiete weiter. Die Rodungsflächen wurden besiedelt und für die Landwirtschaft urbar gemacht. Sie hinterließen Orts- und Flurnamen, wie z.B. "Glashütte", die an die ehemaligen Hütten erinnern. In den Glasschmelzen wurden neben praktischen Gläsern, wie z.B. Kerzenleuchtern, Mörsern, Fliegenfängern, Trichtern, medizinischen Gläsern, Schröpfköpfen u.a. auch Becher, Krüge, Pokale, Wein- und Schnapsflaschen in der Form der "Schnapsbudele" als Scherzgefäße in Gestalt von Hunden und die verschiedensten Andenken- und Liebesgaben hergestellt bzw. geblasen. Durch Schleifen, Ätzen oder Bemalen mit Blumen, Tieren, Sprüchen, flammenden Herzen, Namen, Kavalieren, Mädchen und Madonnenbildern wurden sie anschließend verziert. Beliebt waren die mit Emailfarben geschmückten Trinkgefäße, die zur Hochzeit verschenkt wurden.

Die Schwarzwälder Gläser sind ab dem 18. Jahrhundert zu 60 % auch für den Export erzeugt worden. Für die Verteilung und den Verkauf sorgten Glasträger, die die Glaswaren auf ihren "Krätzen" weit ins Land trugen.

Die Glasträger schlossen sich im Laufe der Jahre zu Handelsgesellschaften zusammen, die sich die Handelsgebiete untereinander aufteilten: Elsaßträger, Pfälzer Gesellschaft, Württemberg-Compagnie, Schwabenträger und Schweizerträger waren die wichtigsten Glasträgercompagnien, so genannt nach den Absatzgebieten. Es wurde aber auch Glas geliefert bis nach Frankreich, Bayern, England, Rußland und in die Türkei. Durch das von ihnen geschaffene Handelsnetz hatten sie eine außerordentliche Bedeutung für die wirtschaftliche Entwicklung des Schwarzwaldes, da die Schwarzwälder später auch mit anderen Produkten zu handeln begannen, vor allem auch mit Uhren aus eigener Herstellung.

Taschenuhr aus dem Schwarzwald, um 1830, Gehäuse und Werk aus Buchsbaum geschnitzt. – BLM

**Das Uhrengewerbe:
Legende und Mythos**

Die "Erfindung" der Schwarzwalduhr ist durch Legenden verklärt und zum Mythos vom genialischen "Bauernuhrmacher" erhoben worden.

Ein heimkehrender Glasträger soll in der ersten Hälfte des 17. Jahrhunderts eine Räderuhr als Mitbringsel "auf dem Wald" gebracht und sie den staunenden "Wäldern" vorgeführt haben. Im Umgang mit Holz erfahrene Bauern oder Handwerker sollen diesen Zeitmesser aus Holz nachgebaut haben – die Holzräderuhr war für den Schwarzwald geboren. Von daher hat sich bei den Chronisten der Schwarzwalduhr bis in die Mitte dieses Jahrhunderts das Bild vom "tüftelnden Bauernuhrmacher" gefestigt. Das rauhe Klima und die langen Winter bedingten lange "Mußezeiten" für den Schwarzwälder Bauern. Der Holzreichtum und die im Umgang mit diesen Naturressourcen geschulte Hand, waren weitere Faktoren, die die Aufnahme der Uhrenherstellung begünstigten. Eine wesentliche Rolle spielte das Hofvererbungssystem. Von daher gesehen war eine große Zahl wirtschaftlich unterprivilegierter Arbeitskräfte in Gestalt von "Häuslern" vorhanden, die in der Uhrenmacherei die Gelegenheit zur Hebung ihres Lebensstandards sahen. Und wie Markus Fidelis in "Tryberg, oder der Versuch einer Darstellung der Industrie und des Verkehrs auf dem Schwarzwald" 1826 formuliert: "Der Drang nach Selbständigkeit gab den Impuls zu versuchen, sich von der natürlichen Leibeigenschaft, die ihn (den Häusler) an den Bauern fesselte, loszueisen. Er ergriff jede Gelegenheit, die sich ihm darbot, durch eigenen Verdienst sein Hauswesen zu besorgen."

Wesensart

Von allen Chronisten wurde als besonderes Element vor allem die große Eigeninitiative und die tüftlerische Wesensart des Schwarz-wälders gesehen. Dies bildete die Grundlage für den Mythos von der Schwarzwalduhr.

Die Richtung auf eine bestimmende Wesensart des Schwarzwälders hatten schon die Autoren des 19. Jahrhunderts gewiesen. Die Hervorhebung bestimmter Charakterzüge der Menschen auf dem Walde beginnt mit einem Bericht der Stabsvögte des vorderösterreichischen Schwarzwaldes. Sie berichten 1741 ihrer Regierung, es gäbe "im hiesigen, wilden und rauhen Revier viele Hundert Personen, welche diese oder jene Arbeit aus ihrem eigenen Kopf erfunden und ohne Lehrmeister erlernet." Der Chronist der Frühzeit der Uhrenherstellung, Pater Steyrer, vom Kloster St. Peter hebt am Schwarzwälder "die Geschicklichkeit, Einsicht und erfinderischen Geist" hervor. Er führt weiter aus, daß sie "... aus innerem Triebe und durch eigenen Fleiß es in dieser Kunst so weit gebracht". Die Schwarzwälder selbst sehen sich mit „eines immer thätigen Geistes" begabt. So rühmen Furt-

Werkansicht der Schwarzwälder Taschenuhr. – BLM

wanger sich im Jahre 1820 : "... der Walder ist alles aus eigener innerer Kraft. – Er ist Kaufmann oder Bauer, er ist Künstler oder Handwerker – ohne die Kunst zu lernen."

Im Vergleich zwischen der Uhrenherstellung des Berner Oberlandes und der des Schwarzwaldes konstatiert eine Schweizer Stimme: "... daß der Oberländer den Schwarzwälder wohl an Armuth und selbst an Entbehrungsfähigkeit übertrifft, allein denselben am thätigen Unternehmungsgeist, wie an Fleiß und Ausdauer gar, sehr weit, welche Tugenden aber zur Einführung eines so complicierten Industriezweiges, der übrigens – seinem Erwerbe bereits so sehr heruntergedrückt ist – absolut erforderlich sind, abgesehen von der zu überwindenden Concurrenz." Dies wurde zu einer Zeit geschrieben – im Jahre 1853 – als bekannt war, daß zwischen 1800 und 1850 insgesamt 15 Millionen Uhren im Schwarzwald gefertigt worden waren; dies stellte ein Drittel aller in Europa gefertigten Uhren dar, einschließlich der Taschenuhren.

August Meitzen zählt in seiner Dissertation "Über die Uhren-Industrie des Schwarzwaldes" die Charakterzüge des Schwarzwälders auf, die er bei seinem Forschungsaufenthalt 1848 kennengelernt hatte: „Derbheit, Mutterwitz, entschiedenes mechanisches, ja künstlerisches Talent."

Johann Baptist Trenkl ergänzt diese Charakterisierung 1874 in seiner "Geschichte der Schwarzwälder Industrie", in dem er auf "das angeborene Talent des romanischen Schwarzwälders zur Mechanik, das stille Sinnen und Nachdenken ..." hinweist. Trenkl sah im Schwarzwälder "vom dunklen Schlage den Grübler und Bästhler". Dieser Hinweis tauchte 1931 wieder bei Gradmann auf, der dem Schwarzwälder eine "anererbte" Neigung und Begabung zum Basteln und Erfinden testiert. Aus diesem Füllhorn speisen sich auch heute noch alle Ausführungen über die "tüftelnden Bauernuhrmacher".

Der bedeutende Wirtschaftshistoriker des Schwarzwaldes, Eberhard Gotheim, muß ebenfalls zu Worte kommen. Er führte mehrfach aus, vor allem aber in seiner "Wirt-schaftsgeschichte des Schwarzwaldes", 1892: "Die Industrie des hohen Schwarzwaldes ist ein selbstwüchsiges, wetterfestes Kind, das aus der Eigenart des Landes und Volkes entsprossen ist". Im Beginn des Uhrenmachens sieht er die "Freude" am Experimentieren. Vielleicht sei es aber auch "Trotz" gewesen, "ohne Lehrmeister etwas künstliches machen zu können, was andere gelernt haben, was diese eigensichtigen Köpfe zum schwierigsten aller Gewerbe geführt haben".

Auch im Ausland wurde die Wichtigkeit und Besonderheit der Uhrenherstellung im Schwarzwald erkannt. L.G. Séguin geht 1879 in "The Black Forest. Its People and Legends" von einer romantisch verklärten und sensationellen Geschichte des ersten Uhrmachers aus. Er erkennt dem Resultat dieses Schwarzwälder Genies unendlich große Bedeutung zu. Er muß aber auch vermerken, daß die Biographie des ersten Uhrmachers bis zu seiner Zeit ungeschrieben geblieben ist. Auch die nachfolgenden, bald unzähligen Abhandlungen oder Monographien konnten letztendlich nur Erklärungsversuche zur Geburtsstunde der Schwarzwalduhr anbieten.

Die Erklärungen für die "Erfindung" der Holzräderuhr im Schwarzwald ziehen auch immer rassische Stammestheorien heran. Johannes Müller wies 1938 in seiner Arbeit "Die Industrialisierung des deutschen Mittelgebirges" auf die verschiedenen Anlagen hin, die die einzelnen deutschen Stämme haben. Sie können es seiner Meinung nach bewirkt haben, "daß der eine Volksstamm Fähigkeiten besitzt, die nach einer industriellen Betätigung hindrängen". Diesen auf die Rasse bezogenen Erklärungsweg hatte Josef Bader in seiner Skizze "Die Schwarzwälder Uhrenindustrie" 1867 noch weitgehender ausgeführt, als er sich über die "eigenthümliche Erscheinung der schwarzwälderischen Industrie" Gedanken machte: "Es muß auffallen, daß ihre eigentliche Heimath diejenigen höheren Waldgegenden sind, wo der Granit und Gneis das vorherrschende Erdreich bilden, und wo ein Menschenschlag als vornehmlichste Bevölkerung erscheint, dessen körperliche Beschaffenheit, namentlich durch pechschwarze Haare und dunkelbraune Augen, von dem blonden Volke der Nachbarschaft charakteristisch absticht. In seelischer Beziehung zeigt dieser dunkle Menschenschlag ein besonders sinniges und forschendes – nach dem einheimischen Ausdrucke 'grübelndes' Wesen, eine vorzügliche Gabe für technische Arbeiten und einen besonderen Trieb zum Wandern in fremde Länder und Welttheile, während der blonde Schlag mehr Neigung für das heimische Bauernleben verräth. Der Kundige erkennt in den Leuten jener vom germanischen Geblüte so verschiedene Leibes- und Seelenbeschaffenheit die Nachkömmlinge der Kelten oder Gallier, welche seit unerdenklichen Zeiten den Schwarzwald bewohnten."

Im "Buch der neuesten Erfindung" hob schon Wilhelm Wackernagel im Jahre 1860 auf die "geistigen Mittel" des Schwarzwälder Bergvolkes ab: "Beispiellos hat sich hier ein einfaches Bergvolk im Verlaufe eines Jahrhunderts, vom ersten Keime an, durch ununterbrochenes Fortschreiten, aus eigener Kraft, zu einer Bedeutung in einer eigenthümlichen Industrie und dem damit verbundenen Handel erhoben, von welcher fast die ganze bewohnte Erde Zeugnis gibt."

Wilhelm Stahl stellte in der Badischen Heimat 1929 den Schwarzwälder Qualitätsarbeiter nicht als das Produkt einer zufälligen Begabung dar, sondern als "Ergebnis einer Reihe von Generationen ...". Die Geschicklichkeit der Finger bei allen Hantierungen, die Schärfe der Augen, die Ausbildung bestimmter Muskelgruppen, das ganze technische Talent wurde im Verlaufe der Zeit erworben und vom Vater auf den Sohn vererbt." Ein anderer Autor dieser Zeit heroisierte geradezu die Leute auf dem Walde: "Der Bewohner der Berge und Täler des Hochschwarzwaldes ist ein Kaltblüter mit ruhigen Nerven. Unglück und besonders die Widerwärtigkeiten des Klimas erträgt der mit größter Kaltblütigkeit. Gegen Schmerzen ist er ganz unempfindlich, so daß selbst Schulkinder allein zum Arzt gehen und sich einen bösen Finger aufschneiden oder Zähne ziehen lassen."

Insgesamt gesehen ist die Schwarzwälder Wesensart von außerordentlicher Bedeutung für das Hervorbringen eines blühenden Uhrengewerbes im 18. Jahrhundert. Und: "... nicht durch Fürstengunst gepflanzt und gehegt wie so viele Industrie des 18. Jahrhunderts, sondern ganz aus dem Volke hervorgegangen ...", resümierte Meitzen.

Wandertrieb

Die Bedeutung des Hausierhandels an der Verbreitung der Schwarzwalduhr ist ebenfalls zum Mythos geworden.

Eugen Dennig stellte in seiner Dissertation zum "Hausierhandel in Baden, insbesondere in Bezug auf die Hausindustrie" 1899 fest: "Diese weite Verbreitung der Schwarzwälder Uhren ist unstreitig das Verdienst der Schwarzwälder Hausierer: Ohne ihren Wandertrieb und regen Unternehmungssinn wäre es bei dem Mangel an jeder Reklame- und Beförde-

Einer der letzten Uhrenträger aus Triberg, um 1910. Foto-Carle-Triberg

rungsgelegenheit unmöglich gewesen, in wenigen Jahrzehnten einen bis dahin unbekannten und unschätzbaren Artikel in einem so großen Gebiet heimisch zu machen."

Legenden bildeten sich um die Schwarzwälder Uhrenträger, die "schaarenweise" ihre Uhren nicht nur in ganz Europa umhertrugen. Nach einer Stimme aus der Zeit zogen sie nicht nur nach England, Frankreich, Preußen, Sachsen, Schweden, Dänemark, Rußland, Kalabrien, in die Schweiz und die Europäische Türkei, sondern sogar bis nach Nordamerika und Asien. Um nur zwei der legendären Gestalten zu nennen: Als einer der ersten, die nach Rußland handelten, ist Urbanus Hummel bekannt und als der Kaiserin Katharrina II eine besonders kunstvolle Uhr verehrt wurde, erhielt die Schwarzwälder Uhrenträger-Gesellschaft die Erlaubnis, den Handel auf das ganze Russische Reich auszudehnen. Ein Matthias Faller vom Schafhof zu Friedenweiler zog nach Konstantinopel und beschenkte den Großsultan mit einer besonders schönen Spieluhr. Dafür erhielt er einen Freibrief ohne Abgabelast für die ganze Türkei.

Der gute Ruf

Vor mehr als 100 Jahren wurde die Qualität und Preiswürdigkeit als Stärke der Schwarzwalduhr hervorgehoben. Zudem mußten die Berichterstatter ausgeprägtes Konkurrenzdenken bis zum Neid zwischen den einzelnen Herstellungsorten erkennen: "Nebenbei mag aber erwähnt sein, daß der Geschäftsneid in diesen unschuldigen Gebirgsthälern ganz außerordentlich entwickelt ist und die Einwohner von Triberg oder Furtwangen oder Gütenbach einander mit Behagen das allerschlechteste nachsagen", wie Karl Böhmert im "Arbeiterfreund" 1889 schreibt. Er fährt fort: "Wie wertvoll ist doch der von den Vorfahren ererbte gute Ruf der Schwarzwälder Uhr! Selbst der billigen Schundware, die ja leider auch aus dem Schwarzwald geliefert wird, kann er auf einige Zeit einen gewissen Nimbus verleihen. Um wieviel mehr wird er aber

einer stetigen Weiterentwicklung der dortigen Industrie auf solider Grundlage zu statten kommen! Die Bezeichnung 'aus dem Schwarzwald' wird noch auf lange Zeit jeder Uhr einen guten Klang verleihen. Aber dieser gute Ruf mag nicht verloren gehen durch Lieferung schlechter Ware und durch gegenseitigen Haß und Verblendung. In unserer Zeit der so hoch angespannten Konkurrenz rächt sich das schwer."

Der schwankende Ruf Schwarzwälder Qualität mag sich auf die Billigwaren beziehen, die vor allem in Triberg hergestellt wurden. Geben wir wieder Karl Böhmert das Wort: "Man wird staunen, wenn man vernimmt, daß es hier gelungen ist, Uhren zu 80 Pfennigen herzustellen, die dann freilich das Privileg hatten, nicht zu laufen. Sie wurden auf Bestellung russischer oder portugiesischer Händler gefertigt und sollten vielleicht dazu dienen, unter heißer Sonne afrikanischen Negerfürsten oder in öder Steppe Kirgisen oder Tartarenhorden die ersten Zeichen europäischer Kultur zu übermitteln. Auch im Sklavenhandel sollen sie ein beliebtes Zahlungsmittel gewesen sein. Man sieht, eine Uhr kann ihre Schicksale haben. Um die Garantie zu besitzen, daß die Uhr sich nicht nach einigen Tagen plötzlich und energisch weigert, die gewohnte Thätigkeit weiter zu verrichten, muß nach der Aussage eines Gewährsmannes der Käufer sich das Opfer von mindestens 4 Mk. 50 Pf. auferlegen."

Auch damals galt schon, das billigste Angebot ist selten das preiswerteste.

Niedergang

Peter Mischler richtet im Jahre 1851 in seinem "Blick in die volkswirtschaftlichen Zustände des badischen Oberlandes" auch das Augenmerk auf die Zustände des Uhrengewerbes. Er muß dabei den Niedergang dieses bedeutenden Gewerbezweiges feststellen:

"Die Uhrmacherei auf dem nördlichen Theile des Schwarzwaldes, seit dem 17. Jahrhundert blühend, bildete die Grundlage des

Wohlstandes einer außer allem Verhältnis zur Fruchtbarkeit des Bodens stehenden dichten Bevölkerung. Wie der Tiroler mit seinen Teppichen, zogen die Schwarzwälder Jünglinge mit ihren Uhren in alle Gegenden der Erde, nach Rußland, Ostindien, Amerika, und alle europäischen Märkte wurden mit Erzeugnissen besucht, die durch ihre unnachahmliche Kunst die Bewunderung aller Sachverständigen und die Kauflust der Vermögenden erweckten. Das durch die Sparsamkeit und Wirtschaftlichkeit der, in allen Zonen die Liebe zur Heimath bewahrenden, 'Wälder' erworbene Kapital wanderte zurück in die Thäler und die Höfe des Gebirges, in welchen mit rastlosem Fleiße immer neue Vorräthe geschaffen wurden.

So blühte das Gewerbe bis in die neueste Zeit. Doch – Drangsale sind hereingebrochen und drohen so zahlreiche Arbeitskräfte, an kunstreiche Beschäftigung gewohnt und auf sie angewiesen, der Arbeitslosigkeit und der Verarmung Preis zu geben. Rußland schloß seine Grenzen gegen Schwarzwälder Erzeugniß, und vermochte viele Uhrenhändler, sich auf russischem Boden niederzulassen. Frankreich legte einen – dem Verbot gleichkommend – Zoll auf das Erzeugniß des Schwarzwälder Kunstfleißes, deutsche Länder thaten gleiches, und so waren die ergiebigsten Absatzquellen vertrocknet. Die in Frankreich angesiedelten Uhrenhändler haben selbst Werkstätten errichtet und beziehen jetzt nur noch das Holz aus ihren heimatlichen Bergen. In die welsche Schweiz hatte sich seit 25 Jahren die Kunstuhrmacherei verpflanzt und ausgebildet, selbst Italien bemächtigte sich dieses Industriezweiges, England blieb nicht zurück, die Nachfrage auf deutschem Markte war gedeckt. War es da zu verwundern, daß so große Bedrängniß über dieses Gewerbe hereinstürzte? Dazu kamen noch die Wirren des Jahres 1848 und ihre Folgen!"

So vertrocknete mehr und mehr eine Erwerbsquelle des Schwarzwaldes, die deshalb so wichtig war, weil sie die Hauptbeschäftigung einer dichten Bevölkerung bildete, die bei dem vorherrschenden Großgutsystem und

der natürlichen Beschaffenheit des Landes vom Betrieb der Landwirtschaft ausgeschlossen war.

Maßnahmen der Regierung

Mischler berichtet weiter über die ersten Maßnahmen der Großherzoglichen Regierung: "Nun galt es auch, die unbeschäftigten männlichen Kräfte und den in denselben sich vorfindenden ungemeineren Grad von Kunst und Geschicklichkeit gewinnbringend zu beschäftigen und ihm neue Absatzquellen für das seit alter Zeit hier blühende Gewerbe der Uhrmacherei zu schaffen." Diese Aufgabe stellte sich die Regierung und erfüllt sie auf folgende Weise: "Zuerst sorgte sie zur Weckung eines edleren Geschmacks und zur Verallgemeinerung jener wissenschaftlichen Kenntnisse, die der Uhrmacherei – namentlich der Verfertigung musikalischer Uhren –

Meisterin Balbina Eschle von Gütenbach erhält 1862 ein Preisdiplom für sehr gute Schottenuhren. Heimatmuseum Gütenbach

einen neuen Aufschwung geben müssen. Diesen Zweck erfüllt die Uhrmacherschule in Furtwangen, an deren Wirksamkeit sich sichtlich neues Leben in diesem Gewerbezweig knüpft."

Mischler berichtet weiter über Maßnahmen zur Hebung des Absatzes, "da Absatz die Quellen des Gewinns und der Reiz der Production ist." Die Regierung bestimmte daher "für die Sommersaison des laufenden Jahres eine der bestgelegenen Buden auf der Promenade in Baden-Baden unentgeltlich zu dem Zwecke, daß darin Ausstellung und Verkauf von Erzeugnissen des Schwarzwälder Gewerbfleißes stattfinde". Da es bekannt war, daß während der Badezeit sich Besucher aus ganz Europa in großer Anzahl dort einfanden, gab es kaum einen besseren Platz als die Stadt Baden und keinen geeigneteren Zeitpunkt als die Saison vom 10. Mai bis 30. September, "um in Artikeln, welche Reisende überhaupt und Badegäste insbesondere zum Vergnügen, zur Erinnerung oder als Bedürfnis ankaufen mögen, einen guten Absatz zu finden, und die Waaren weithin zu empfehlen". "Diese Vorsorge", sagt das Rundschreiben des Vorstandes der Uhrenmacherschule zu Furtwangen vom 14. Februar 1851, "wird von den Gewerbetreibenden des Schwarzwaldes mit Freude ergriffen werden, um Proben ihres Fleißes, ihrer Kunstfertigkeit und ihres Geschmackes abzulegen, und so sich Ehre, Vortheil und Empfehlung zu erwerben. Die Direction der Uhrmacherschule ist beauftragt, die Vermittlerin für die Gewerbetreibenden des Schwarzwaldes zu jenem Zwecke zu sein und dahin zu wirken, daß die verschiedenen Industriegegenstände bei der Ausstellung in Baden-Baden in einer Weise vertreten werden, welche dem Schwarzwald zur Ehre und zum Vortheil gereicht. Die Uhrenmacherschule besorgt daher den Transport nach Baden, stellt einen Kaufmann, der der deutschen, englischen und französischen Sprache mächtig ist, nebst einem Gehülfen an, und liefert nach Beendigung der Ausstellung oder nach dem Verkauf die angesetzten Werthe nach Abzug von höchstens 10 % für die Kosten an die Aussteller ab.

Nicht verkaufte Gegenstände werden kostenfrei in Furtwangen wieder zurückgegeben und nach dem Wunsch der Einsender anderen versendet."

Ausstellungen

Aus der Frühzeit des Ausstellungswesens zur Schwarzwalduhr sind in diesem Zusammenhang nur wenige Präsentationen der Erinnerung wert. So ist neben der Gewerbeausstellung Villingen 1858 die Wiener Weltausstellung 1872 zu nennen, auf der interessanterweise nach Meinung des Rezensenten die "alten" Uhren auf mehr Interesse stießen als die Objekte der laufenden Produktion.

Im Jahre 1905 wurde in Nürnberg eine Präsentation der Schwarzwald-Sammlung Spiegelhalter veranstaltet, deren Konzept eine erste Strukturierung der Schwarzwalduhr beinhaltete.

Seit 1950 hat es nur vereinzelt Ausstellungsunternehmungen zum Thema "Schwarzwalduhr" gegeben. Präsentationen z.B. in Banken oder im Beiprogramm anderer Großveranstaltungen wie Gartenschauen oder Gewerbeausstellungen können hier aus der Betrachtung ausgeklammert werden. Sie erschöpften sich meist in der mehr oder weniger zufälligen Schaustellung von Sammlungsbeständen. Zu nennen ist dagegen die Präsentation der "Sammlung Schaaf", die unter gespannter Erwartung der Sammlerkreise erstmals 1978 im Ritterhausmuseum in Offenburg den Schritt in die Öffentlichkeit wagte. Weiterhin sind die Ausstellungsaktivitäten des Deutschen Uhrenmuseums in Furtwangen zu erwähnen. Dies gilt vor allem für die umfassende Dokumentation "Kuckucksuhren von Joh. B. Beha u. Söhne aus Eisenbach", die Anfang 1994 in Furtwangen lief. Dieser wichtige Hersteller im Übergang von Hausgewerbe zu industrieller Fertigung wurde im darauffolgenden Jahr in erweiterter Form mit erstaunlichen Sammlungsbeständen in Eisenbach selbst präsentiert. Die Ausstellung sowie der Katalog, profund erarbeitet von Ulrike Schwarz, fanden nicht nur bei der Fachwelt großes Interesse. Es ist zu wünschen, daß weitere Unternehmungen zu Einzelthemen aus dem Bereich des Schwarzwaldes gewagt werden. Der Erfolg der Eisenbacher Präsentation sollte dazu ermuntern.

Literatur

Literarische Versuche zur Geschichte der Schwarzwalduhr hat es – wenn man älteste Belegstellen seit Ende des 18. Jahrhunderts mit einbezieht – unzählige gegeben. Helmut Kahlert hat sich seit vielen Jahren verdientermaßen daran gemacht, jedes "geschriebene" Wort über die Schwarzwalduhr zu sammeln und zu archivieren. Im Deutschen Uhrenmuseum in Furtwangen wird dieser nicht hoch genug zu achtende "Schatz" sorgsam bewahrt. Wenn man sich in diese Belegesammlung zur Forschungsgeschichte der Schwarzwalduhr vertieft, ist nach einiger Zeit die Feststellung zu treffen, daß es nur wenige eigenständige Abhandlungen zur Geschichte der Schwarzwalduhr gibt. Helmut Kahlert geht in der folgenden Darstellung zum "Schwarzwälder Uhrengewerbe" auf die Genese der Forschungsgeschichte ein und stellt uns Pater Franz Steyrer und Markus Fidelis Jäck als deren "Väter" vor; ebenfalls streift Kahlert die wichtigsten Autoren des 19. Jahrhunderts.

Als Klassiker des frühen 20. Jahrhunderts gilt Adolf Kistner mit seiner Abhandlung "Die Schwarzwälder Uhr" von 1927. Obwohl der Autor aus verlagstechnischen Gründen auf die Wiedergabe eines Apparates verzichten mußte, orientiert sich die Forschung auch heute noch stellenweise an Kistner.

Ein neues Kapitel in der Forschung zur Schwarzwalduhr wurde dann 1975/78 von Gerd Bender mit der Veröffentlichung seines zweibändigen Werkes zur Geschichte der Schwarzwalduhr begonnen. Der Nestor der Schwarzwalduhrenforschung hat die Maßstäbe gesetzt, an denen sich jede Abhandlung zur Schwarzwalduhr messen lassen muß. Mag in der Zwischenzeit durch die nachfolgenden Forschungen manche Erkenntnis Benders vertieft worden sein, aus der Fülle seines Materials bedient sich auch heute noch jeder Literat zur Schwarzwalduhr und läßt sich von den umfassenden Ausführungen Benders anregen.

Zu nennen sind als die derzeit Führenden in der Schwarzwalduhrenforschung vor allem Dr. Helmut Kahlert, ehedem Professor an der Fachhochschule Furtwangen, der in einer Vielzahl von Aufsätzen und besonders in der Publikation "300 Jahre Schwarzwälder Uhrengeschichte" auch sozialkundliche Aspekte der Uhrengeschichte "ausgegraben" und verarbeitet hat; zum anderen der verdiente Leiter des Deutschen Uhrenmuseums Furtwangen, Prof. Dr. Richard Mühe, der in der großen Zahl seiner Abhandlungen zur Uhrengeschichte auch immer wieder die Schwarzwalduhr zum Thema nahm. Als seine Nachfolgerin nicht nur im literarischen Sinn tritt Beatrice Techen M.A. hervor, z.B. in einer Publikation über "Kuckucksuhren". Besonders die technische Seite der Schwarzwalduhr behandeln die Arbeiten des Privatgelehrten Dr. Herbert Jüttemann aus Karlsruhe.

Als letztes bemerkenswertes Ereignis im Bereich der Literatur über die Schwarzwalduhr ist die dritte vermehrte und verbesserte Auflage eines umfangreichen Buches über "Schwarzwalduhren" zu nennen, in dem Berthold Schaaf seine jahrelangen Forschungen und Erfahrungen zur Schwarzwalduhr vor uns ausbreitet. Zum ersten Mal werden dabei die Themen "Restaurierung, Fälschungen, Preisbild" behandelt. Zum unentbehrlichen Hilfsmittel hat sich das beigefügte umfangreiche Namensverzeichnis der Schwarzwälder Uhrmacher entwickelt.

Ablauf und Präsentation

Auf über 600 m² Ausstellungsfläche werden mit etwa 500 Objekten bunte, "tickende" Bilder eines wesentlichen Teils der historischen Volkskultur des Schwarzwaldes inszeniert. Etwa 350 Uhren dokumentieren mit dem ersten Objekt aus dem Jahr 1720 bis zu Stücken nach der Mitte des 19. Jahrhunderts die formenreiche Frühzeit der Schwarzwalduhr. Dies beginnt im Ablauf der Zeit mit der Herausbildung hausgewerblicher Fertigung und setzt sich fort bis zum Wandel zu industrieller Produktion.

Durch ein Spalier von Tannenbäumen betritt der Besucher den ersten Ausstellungssaal. Er stößt auf die Inszenierung der legendenhaften Erfindung der Schwarzwalduhr: Ein Glasträger mit Krätze ist auf der Heimkehr zu einer Glashütte. Auf einer Waldlichtung begegnet er zwei "Wäldern", denen er ein Mitbringsel vorführt: die Räderuhr. Der eine der beiden erstaunten "Wälder" begibt sich sofort nach Hause, um das Gesehene aus Holz nachzubauen. Sein Haus steht auf einer Wiese am Waldesrand. Gerätschaften weisen auf die soziale Stellung des Wälders aus dem Kreis der Häusler hin, der seinen Lebensunterhalt als Waldgewerbler mit Landwirtschaft für die Selbstversorgung verdient. Das "Tüfteln"

und "Basteln" der ersten "Bauernuhren" wurde in der großen Stube des "Hüsli" ausgeführt. Diese verblieb dann die Arbeitsstätte für die Uhrenfertigung des Hausgewerbes, das sich in der Folgezeit herauszubilden begann.

In die gute Stube fiel durch die Anordnung der Fenster über Eck das meiste Licht; die Stube war im Winter zudem warm. Die gesamte Familie, Groß und Klein, konnte in gemeinschaftlicher Arbeit die Uhren "austüfteln" und zusammenbasteln. In späterer Zeit wurden hier die Teile, die in arbeitsteiliger Weise von Zulieferern hergestellt worden waren, zusammengebaut und die Uhren in Gang gebracht. Die Inszenierung orientiert sich an den Versatzstücken einer typischen guten Stube des 18. Jahrhunderts mit Hergottswinkel über einem großen Tisch und bemaltem Schrank. Dazu kommen die Werkbänke unter den Fenstern, auf denen sich frühe Werkzeuge und Gerätschaften befinden.

Nach den neueren Forschungsergebnissen

Die alte Glashütte "Äule". – BLM

26

wurden die Uhren bekanntlich nicht zum Zeitvertreib von Bauern auf ihren Höfen in der langen Winterszeit gebastelt, sondern Häusler fanden darin eine weitere Art, sich den Lebensunterhalt zu ermöglichen. Von daher spricht man zu Recht vom "Uhrengewerbshäusle" als der Hausform der im hausindustriellen Gewerbe Tätigen.

Es waren wohl Drechsler, die die ersten Holzräderuhren fertigten. Dieser Handwerkszweig rekrutierte sich aus der Bevölkerungsgruppe der Häusler, die der bäuerlichen Bevölkerung zuzuordnen ist. Zudem wurden die ersten Uhren vor allem für den eigenen ländlichen Bereich gefertigt. Von daher ist der Begriff des "Bauernuhrmachers" wegen seiner Bildhaftigkeit mit Einschränkung gestattet.

Diese Inszenierungen spielen sich vor einem Prospekt ab, der das Bild einer Schwarzwaldlandschaft wiedergibt. Mit diesem Bild ist der Beginn und das Stück Weg umrissen, auf dem wir die Geschichte der Schwarzwalduhr in der Ausstellung begleiten. Auf das Produkt selbst wird in Vitrinen eingegangen. Die frühen Holzräderuhren werden in ihrer Entwicklung von dem Balkenwaag zum Kuhschwanzpendel gezeigt; zudem werden Uhren aus dieser Zeit präsentiert, als deren Provenienz bisher der Schwarzwald galt. Sie wurden erstmals durch Berthold Schaaf in seinem Buch "Holzräderuhren" anderen Regionen zugeordnet.

Der zweite Saal beginnt mit wichtigen Innovationen in der Technikgeschichte und der Gestaltung der Schwarzwalduhren. Die Einführung des Ankerganges im Werk aus Metall in Uhren mit Lackschild. Dieses Schild wurde für längere Zeit – etwa 100 Jahre – zum äußeren Kennzeichen der Uhren und sollte zur "klassischen" Schildform der Schwarzwalduhr werden. Mit über 100 Uhren werden die verschiedenen Dekorationsformen des Lackschildes vorgestellt. An erster Stelle stehen Blumen, vor allem Rosen, die das Bild des Lackschildes prägen. Aber auch Früchte, berufliche Darstellungen, Genreszenen, historische Persönlichkeiten und Landschaft geben bunte und vielfältige Möglichkeiten der Gestaltung.

Mit Hilfe von Stuck gewinnen die Schilder zusätzliche Plastizität; dies spiegeln 20 Uhren wider. Eine mit Blumen bemalte Truhe und "Täfele" aus der Zeit deuten die Entwicklung des Lackschildes aus der Faß- und Möbelmalerei an. Als weiteres Thema werden in diesem Saal Uhren vorgestellt, deren Werkbezeichnung auf die Erfinder dieser Uhrwerke hinweisen. Dies gestattet eine Klassifizierung bestimmter Uhren als Schottenuhren, Jockele und Sorguhren. 95 Uhren dokumentieren diese Entwicklung der Schwarzwälderuhr.

Ein bedeutender Meilenstein in der Geschichte der Uhr aus dem Schwarzwald war die Herstellung von Musikuhren durch den Einbau von Carillons, Flötenwerken und Hackbrettern. Im Mittelpunkt des Saales steht der Prospekt eines Tanzsaales im Schwarzwald aus der Zeit um 1800. Davor dokumentieren 25 Musikuhren dieses Thema.

Der dritte Saal wendet sich der Herstellung und dem Vertrieb des Produktes zu. Noch in der zweiten Hälfte des 18. Jahrhunderts entwickelte sich die Arbeitsteilung in der Fertigung. Mehrere Zulieferer stellten dem Uhrmacher ihre Produkte bereit. Vor dem Prospekt einer Uhrmacherstätte aus der Zeit nach 1800 dokumentieren exemplarische und teilweise seltene Arbeitsgeräte diese frühe Form der Rationalisierung.

Der Verkauf der Uhren aus dem Schwarzwald war durch das Vertriebssystem der Uhrenträger und "Packer" in besonderer Weise geprägt. Bilder, Dokumente und Gerätschaften weisen diesen Bereich aus. Mit diesem Vertriebssystem wurden die Uhren schon früh in alle Welt exportiert. Zum Marketing der Hersteller auf dem Wald gehörte schon bald die Anpassung an den Zeitgeschmack und die modischen Vorstellungen der Abnehmerländer. Mit Hilfe einer Art Weltkarte werden die typischen Exportformen vorgestellt: Durch ganz Europa über Skandinavien bis nach Amerika, vom Balkan über die Türkei bis nach China reichen die Exportverbindungen und verhalfen so dieser Uhr zu ihrem Erfolg.

Die Schwarzwalduhr zeichnete sich neben dem Einbau von Musikwerken durch kunstvolle Automaten aus. Diese "Männleuhren" – es sind 12 besonders schöne und interessante in der Ausstellung zu sehen – begeistern heute noch. Dazu gesellen sich Uhren mit aufgesetztem Automat und Schaufensterfiguren von großer Seltenheit. 25 "Augenwender" und "Schnapper" sind von besonderer Qualität. Vom Dienstbotenwecker des 18. Jahrhunderts über Uhren mit astronomischen Indikationen bis zum Magerwecker reicht die Palette der Uhren mit besonderer Zeitmessung. Dazu gesellen sich besondere Uhren, die durch ihre äußere Gestaltung, durch ihr Uhrwerk oder ihre Geschichte aus der "Menge" herausragen. Ihnen ist mit 20 Objekten ein eigener Bereich zugeordnet.

Zur erfolgreichsten Variante der Schwarzwalduhr wurde die Kuckucksuhr. Vom ältesten bekannten Kuckuck bis zur Uhr mit echt gefiedertem Kuckuck in der frühen zweiten Hälfte des 19. Jahrhunderts reicht die Chronologie dieser Uhrenform. Sie wird mit über 20 Uhren präsentiert. Im anschließenden Gang wird auf den Kuckucksruf nach seinem Einbau in die Uhren in "Bahnhäusle"-Form eingegangen. Dies gehört zum Ausblick auf die weitere Geschichte der Schwarzwalduhr nach dem Wandel von der hausgewerblichen zur industriellen Fertigung.

Am Anfang dieses vierten Ausstellungsbereiches befindet sich eine Kinderecke mit Spielangeboten zum Thema "Uhr und Zeit".

Den Abschluß der Ausstellung bildet eine Galerie mit historischem Bildmaterial zur Geschichte der frühen Schwarzwalduhr.

Falls der Besucher sich nicht schon zu Beginn seines Rundganges den Katalog zur Ausstellung erworben hat, so besteht jetzt noch die Möglichkeit, dies im Ausstellungsshop nachzuholen.

Die Mitnahme eines Souvenirs aus Keramik, Glas sowie Textil oder auch einer Schwarzwalduhr runden die "Erinnerung" dieses Ausstellungserlebnisses ab.

Uhrmacherwerkstatt in der Stube, Triberg, um 1800. – Foto-Carle-Triberg

Katalog

Wie schon die Begleitpublikationen der vorausgegangenen volkskundlichen Ausstellungen im Schloß Bruchsal ist auch der Katalog zur Uhrenausstellung in der bewährten Zusammenarbeit mit der INFO Verlagsgesellschaft Karlsruhe entstanden und vom Verleger Klaus E.R. Lindemann in das Programm aufgenommen worden. Auch diesmal lag die Gestaltung des Buches in den Händen von Thomas Lindemann.

Der Textteil umfaßt Beiträge mehrerer Autoren. Nach der Einführung zu Aspekten der Ausstellung wird die Geschichte des Schwarzwälder Uhrengewerbes in zwei Beiträgen von Helmut Kahlert beleuchtet. Einmal schildert der Autor die chronologische Entwicklung des Schwarzwälder Uhrengewerbes im Spiegel der frühen Chronisten. Zum zweiten stellt Kahlert die besondere Schwarzwälder Art des Vertriebs von Uhren in informativer und amüsanter Weise vor. Die Kuckucksuhr wird in einem Beitrag von Ulrike Schwarz als die erfolgreichste Variante der Schwarzwalduhr vorgestellt. In einem Nachwort stellt sich Dr. Peter Rastätter die Frage nach der weiteren Entwicklung der Uhrenherstellung im Schwarzwald.

Gewichtigen Anteil am Inhalt und Umfang der Publikation nimmt der Katalog der ausgestellten Uhren ein. Auf über 200 Seiten werden 192 Uhren – von der Frühzeit ab 1720 bis zum Beginn industrieller Fertigung – in Farbe abgebildet. Dies sind zu einem Großteil Uhren, die noch nie oder selten zu sehen waren. Der umfassende Farbteil wird ergänzt durch s/w-Abbildungen im Textteil. Eine Auswahlbibliographie rundet das Angebot dieses "Bilderbuches zur Schwarzwalduhr" ab.

Im Farbteil werden einzelne Abschnitte der Chronologie strukturiert und durch Kurztexte zur Konzeption der Ausstellung von Wolfgang Heck erläutert. Die wissenschaftliche Beschreibung der Uhren in Ausstellung und Katalog oblag Wolfgang Heck, Roman Helfen, Dr. Peter Rastätter und Ulrike Schwarz M.A. Die brillanten Farbfotos lieferte in hervorragender Aufnahmetechnik Thomas Goldschmidt. Text und Bild vereinen sich zu einer umfassenden Studie zur Geschichte der frühen Schwarzwalduhr. Der Katalog wird dadurch zum wichtigen Begleiter beim Gang durch die Ausstellung. Darüberhinaus bietet sich diese Publikation durch ihr umfangreiches Bildmaterial als gesuchter Leitfaden für die Sammler und Liebhaber der Schwarzwalduhr an.

Dank

Viele Hände müssen sich rühren, um so ein Bündel – Ausstellung mit Katalog – zu schnüren. Der Dank gilt in erster Linie Wolfgang Heck. Ohne sein Wissen und seine Erfahrung hätte der Veranstalter sich nicht an das Thema heranwagen können. Ihm oblag die Erarbeitung der Konzeption. Der Lehrer im Hauptberuf konnte dabei seine jahrelangen, ehrenamtlichen Bemühungen um die Uhren der volkskundlichen Abteilung des Badischen Landesmuseums in dieses Ausstellungsvorhaben einbringen. Zudem sind ihm auch viele Kontakte zu Privatsammlern und Museen zu verdanken. Der von ihm mitbegründete Gesprächskreis "Freunde der Schwarzwalduhr" versammelt Freunde und Sammler der Schwarzwalduhr mit Mitarbeitern aus Museen und dient seit über 10 Jahren dem Erfahrungsaustausch. Als ein wichtiges Projekt bewegt die Diskussion die computermäßige Erfassung und Inventarisierung von Uhren und die Erarbeitung eines geeigneten Programmes.

Großer Dank ergeht an private Sammlerinnen und Sammler, aus deren Kreis der Großteil der ausgestellten Uhren stammt. Wie schon bei früheren Ausstellungen, bestand auch diesmal das Bestreben der Ausstellungsmacher darin, vor allem unbekannte Exponate aus Privatsammlungen zur Präsentation herauszusuchen. Uneigennützig trennten sich die Sammler für längere Zeit von ihrem sonst wohlgehüteten Besitz, um dadurch das Bild von der Schwarzwalduhr aus ihrer Frühzeit als eine Art Puzzle zu ermöglichen.

Der Dank gilt vor allem auch der Unternehmensgruppe SEW-Eurodrive mit Sitz in Bruchsal, deren Präsident, Rainer Blickle, die Finanzierung der Ausstellung erst ermöglichte.

Ein immer willkommener Beitrag der Stadt Bruchsal ermöglichte das Beiprogramm zur Ausstellung mit Demonstrationen von Schildermalern und Figurenschnitzern, Sonderführungen und Vorträgen sowie Kinderaktionen und die Gestaltung der Eröffnungsfeier.

Um eine wissenschaftlich fundierte Chronologie der Schwarzwalduhr zu erstellen, war es unumgänglich, sich neben den Sammlungen des Badischen Landesmuseums der Hilfe anderer Museen zu bedienen. Den Kolleginnen und Kollegen des Deutschen Uhrenmuseums in Furtwangen, des Franziskanermuseums in Villingen, des Augustiner Museums in Freiburg, des Heimatmuseums in Eisenbach und St. Märgen ist für das Verständnis und die großzügige Unterstützung durch die Bereitstellung von Leihgaben und für viele Informationen Dank auszusprechen. Ohne die Amtshilfe von der Oberfinanzdirektion mit ihrer Fahrbereitschaft und dem Staatlichen Liegenschaftsamt würde die Organisation eines solchen Unternehmens schwerlich gelingen. Dies trifft vor allem auch für die Mitveranstalter "Freunde des Museums Mechanischer Musikinstrumente" zu.

Vielen ist Dank zu sagen: Hilfestellung leistete das Staatliche Naturkundemuseum Karlsruhe; Sachleistungen erbrachten die Firma Kammer-Kirsch und das Warenhaus Karstadt in Karlsruhe. Aus Bruchsal bekamen wir Unterstützung von der Firma Radio Leist, der Metzgerei Böser und durch das TUI-Urlaubscenter. Als Ausstellung für das Beiprogramm schuf Roswitha Klas aus Karlsruhe Materialbilder und Collagen unter dem Titel "Dem Glückliche schlägt keine Stunde".

Auf Informationen waren die Macher der Ausstellung in umfassender Weise angewiesen. Stellvertretend für alle seien Regina und Roman Helfen aus Schönwald genannt, die in außergewöhnlicher Weise die Ausstellung mitgetragen haben. Allen "Mitstreitern" sei für ihre Mühe und ihren uneigennützigen Einsatz sehr herzlich gedankt.

Die Voraussetzungen sind gegeben, daß auch die volkskundliche Sonderausstellung "Und ewig ticken die Wälder. Uhren aus Schwarzwaldstuben" ihr zahlreiches Publikum finden möge. Der Veranstalter wünscht den Besuchern einen interessanten und vergnüglichen Ausstellungsbesuch.

Typen aus dem Schwarzwald. Originalzeichnungen von F. Reiß (Ausschnitt). – Privat

DAS SCHWARZWÄLDER UHRENGEWERBE

Helmut Kahlert

Im Spiegel der frühen Literatur: Steyrer und Jäck

Abt Ignaz Speckle vom Benediktinerkloster St. Peter auf dem Schwarzwald vermerkte 1796 in seinem Tagebuch: "Unterdessen ward in Freiburg die kleine Geschichte von der Uhrmacherei gedruckt, welche P. Steyrer schon vor einigen Jahren zusammengeschrieben hatte." Franz Steyrer, der bisweilen in der Literatur mit seinem Onkel, dem Abt Philipp Jakob Steyrer, verwechselt wurde, war bis 1790 Hilfsbibliothekar am Kloster, ehe er eine Pfarrstelle im Breisgau übernahm. Es erscheint deshalb sinnvoll, den Inhalt seines Bändchens auf die Zeit kurz vor 1790 zu beziehen. Der ehedem bekannte Technologe und Fachschriftsteller Johann Heinrich Moritz Poppe, Professor in Frankfurt und später in Tübingen, hat 1799 durch einen Beitrag im Journal für Fabrik, Manufaktur, Handlung und Mode Steyrers Schrift überregional bekannt gemacht.

Die zweite wichtige Veröffentlichung zur frühen Geschichte der Schwarzwälder Uhrmacherei stammt von dem Pfarrer Markus Fidelis Jäck, der seine Materialien vorwiegend während seiner Amtszeit im Uhrmacherdorf Gütenbach 1804 bis 1808 zusammengetragen hat. Die Artikelfolge über die Industrie und den Verkehr auf dem Schwarzwald erschien erstmals 1810/11 in Fahnenbergs Magazin, später (1826) hat sie der Autor nochmals unter anderem Titel in Buchform publiziert.

Jäck geht an keiner Stelle auf die Schrift seines Vorgängers ein; eine Erklärung wäre, daß zwischen ihm, dem Anhänger von Wessen-

berg, und den konservativen Benediktinerpatres, wissenschaftliche Kontroversen bestanden haben. Wenn man einmal von Personen und Ereignissen absieht, die in enger Verbindung zum Kloster standen, so ist Steyrer eher zurückhaltend mit Jahreszahlen. Fast alle Zeitangaben, die im Zusammenhang mit Personen, Uhrentypen oder Werkzeugen in der späteren Literatur genannt werden, gehen auf Jäck zurück.

Die Absicht, Geschicklichkeit und Gewerbefleiß der Schwarzwälder gebührend hervorzuheben, wird bei beiden Autoren deutlich erkennbar. Sie stimmen gleichfalls überein, daß nach vereinzelten frühesten Ansätzen der entscheidende Anstoß zum Exportgewerbe um 1720 nach dem Ende des Spanischen Erbfolgekrieges eingesetzt hatte, denn zuvor war der Schwarzwald zeitweilig Kriegsschauplatz. Die entscheidenden Impulse gingen von wenigen Drechslerwerkstätten aus. In einer Übersicht der Gewerbe des Amtsbezirks Triberg von 1747, die insgesamt 22 Einzelpositionen umfaßt, werden die 20 Drechsler und "höltzernen Uhrenmacher" in einer Gruppe ausgewiesen (Generallandesarchiv Karlsruhe 65/672). Es fällt auf, wie großzügig – etwa im Vergleich zur Geheimnistuerei früher Schwenninger Uhrmacher – diese "Patriarchen der Uhrmacherkunst" (Jäck) ihre Kenntnisse an Lernende aus der Region tradiert haben. Bereits um 1750 lassen sich an den Wohnorten der Uhrmacher die Umrisse des Uhrmachergebietes erkennen, von St. Georgen im Norden bis Neustadt im Süden.

Im ausgehenden 17. Jahrhundert nahm die Bevölkerung zu, so daß ein aufkommendes

Reste von Schmelztiegeln für das Gießen von Glocken, Glockenstuhl für Glockenspielwerk (unvollendet). – Privat

Gestellschablonen, 19. Jh. – Heimatmuseum Gütenbach

ländliches Gewerbe auf genügend Arbeitskräfte zurückgreifen konnte. Am Beispiel des Klosters St. Peter läßt sich das Entstehen einer neuen unterbäuerlichen Schicht erkennen. Diese "Häusle-Bauern" erhielten von der Abtei Grundstücke, anfangs gegen „unbeständigen, widerruflichen" Zins, doch am Ende des 18. Jahrhunderts waren ihre Besitzungen de facto zu Erblehen geworden. In Furtwangen wurde in der 1. Hälfte des 18. Jahrhunderts die Allmend aufgeteilt, es entstand das sog. österreichische Viertel mit vielen Uhrmacherhäusle.

Ungeklärt ist bisher, in welchem Umfang die Obrigkeit aktiv das Uhrengewerbe gefördert hat. Nachweisen läßt sich die Hilfe Schwarzwälder Klostergeistlicher, besonders beim Werkzeug- und Musikuhrenbau, und die Unterstützung durch örtliche Verwaltungsleiter. Genannt gehören in diesem Zusammenhang vor allem Pater Thaddäus Rinderle (1748 – 1824) und Karl Theodor Huber, von 1795 – 1816 Obervogt des Triberger Amtes. Eine wichtige Rolle beim aufkommenden Uhrengewerbe spielte auch der Schwarzwälder Glashandel, denn die Gesellschaften nahmen schon frühzeitig neben Strohhüten auch Holzuhren in ihr Sortiment auf. Obwohl die von auswärts stammenden Glasmeister keine Fremden in ihr Produktionsgewerbe aufnahmen, als "Glasträger" erlebten die Schwarzwälder, daß Handel und Transport Lebensgrundlage bieten konnten; zudem ließen sich juristische und organisatorische Strukturen des Glashandels auch auf den Uhrenhandel übertragen.

Heimatgefühl und Nationalstolz

Die beiden genannten Frühchronisten Steyrer und Jäck folgten unterschiedlichen Traditionssträngen, auch örtliche Rivalitäten und Lokalstolz werden erkennbar. Steyrer tendierte neben dem Gebiet von St. Peter stärker zum Fürstenbergischen hin, Jäcks Gewährsleute wohnten im (ehemals) vorderösterreichischen Amtsbezirk Triberg, das könnte einige Wider-

sprüche erklären. Folgt man Steyrer, dann wurden die frühesten Schwarzwälder Holzräderuhren bereits vor 1667 gebaut; folgt man Jäck, dann erst in den 1680er Jahren. Umstritten ist außerdem, ob eine einfache eiserne Waaguhr von den Schwarzwäldern direkt in Holztechnologie übertragen wurde, oder ob eine fremde Holzuhr als Vorbild gedient hat. Bei Steyrer fehlt dazu eine Aussage, so daß für Vermutungen Raum bleibt, während Jäck berichtet, daß ein Glashändler eine hölzerne Stundenuhr von einer Handelsreise mitgebracht hatte.

Auch hinsichtlich der Entstehung der Kukkucksuhr, deren wirtschaftliche Bedeutung von vielen Autoren übrigens weit überschätzt wird, stimmen beide Chronisten nicht überein. Jäck spricht von einer Schwarzwälder Erfindung aus den 1730er Jahren durch ein Mitglied der Familie Ketterer aus Schönwald, Steyrer datiert die ersten im Schwarzwald gebauten Kuckucksuhren später. Nach seiner Darstellung haben zwei Schwarzwälder Händler das Konzept in der Fremde kennengelernt und es daheim offenbar so gut erklärt, daß Michael Dilger aus der Neukirch und Matthäus Hummel, der "Jägerstiger" aus der Glashütte, "dergleichen Guckucksuhren nachmachten ...".

In der Sekundärliteratur des 19. Jahrhunderts hinterließen sowohl Steyrer wie Jäck Wirkung, doch im 20. Jahrhundert verstärkte sich die Tendenz zu derjenigen Version, die Heimatgefühl und Nationalstolz am ehesten ansprach. Bei Entstehungzeit und Technologie der Schwarzwalduhr setzten sich die Angaben von Steyrer durch, zur Kuckucksuhr gilt Jäck als Gewährsmann. Bei dieser Auseinandersetzung helfen auch die wenigen bekannten Quellen aus früherer Zeit nicht weiter, so wird in der Chronik von St. Peter 1753 lediglich von "vielen hölzernen Zimmeruhren" gesprochen, die "in verschiedene Länder abgeführt werden" (Generallandesarchiv Karlsruhe 65/541). Nach einer Reise von St. Blasien über den Schwarzwald in die Rheinebene diktierte 1762 Graf Giuseppe Garampi, damals Präfekt des vatikanischen Archivs, seinem

D' alt Wälderuhr

Si haiße mi d'alt Wälderuhr,
Bin hundert Johr ball alt.
Do hang i jetz un truer un truer,
Denk an mi Simiswald.

Bim G'jöllbur bin dehaim i g'sii;
's nettscht Plätzli han i g'ha.
D'r Suhn, d'r Sepp, het mi mit rii
Ins wuescht Amerika.

Jetz hang i in dem Blockhus do,
Mach gäng=gäng hii un her,
Doch truerigtrüeb, nit fraidefroh.
O d'Fremdi fallt m'r schwer!

Wohl hör i d' Vög'l alli Dag;
Doch 's isch kai liablig Liad,
Im Wälderfink si flodder Schlag
Isch ebbis halt fürs G'müet!

Wohl ruscht d'r Wind au do durch d' Baim,
Doch loßt mi's Rusche kalt.
Wia anderscht ruscht's bi üs dehaim
Im hoche Dannewald!

D'r Mississippi isch so trüeb,
Der lambeliarig G'sell.
O wia sin d' Schwarzwaldbächli liab!
Wia sind si hell un schnell!

D'r Sepp, mi Herr, un d' Liis, si Frau,
Wenn si ins Bett genn spot,
Scharpf düen si rechne als un g'nau,
Wia's ums V'rmöge stoht.

„Noch so vil," haißt's als, „mueß es sii,
Nor langt's nor hemm m'r g'nue;
D'rno isch d'truerig Zit v'rbii;
D'rno gohl's haimezue!"

So babble si, dia zwai, allbott;
Un allewiil haißt's halt:
„O führ üs z'ruck doch, liawer Gott,
Haim, haim in Simiswald!"

Gedicht von August Ganther, aus "Wälderlüt"

Sekretär: "Die Holzuhren (orologi di legno) werden in dieser Gegend in sehr großen Mengen (grandissima copia) hergestellt ..., und man hat begonnen, sie mit dem Ruf des Kukkucks auszustatten." (Palmieri 1889). Beiträge aus jüngster Zeit stützen jedoch die Ansicht von Steyrer, daß die Kuckucksuhr keine originäre Schwarzwälder Erfindung ist.

Die kritischen 1840er Jahre

"Im südwestlichen Winkel von Deutschland treffen wir, abgeschieden von dem Treiben der Welt, ein talentvolles Gebirgsvolk, das sich seit länger als einem Jahrhundert mit der Fabrikation hölzerner Wanduhren beschäftigt." Mit diesen Worten wird ein Beitrag über die Schwarzwälder Uhrenfabrikation eingeleitet, der anno 1840 im "Pfennig Magazin" der "Gesellschaft zur Verbreitung gemeinnütziger Kenntnisse" erschienen ist. Wenn in jener Zeit über Gewerbeförderung und Hebung des Wohlstandes der Gebirgsbevölkerung nachgedacht wurde, war den Zeitgenossen das Schwarzwälder Modell präsent.

Verschiedene Versuche wurden unternommen, um die Uhrenfertigung nach Schwarzwälder Art in anderen Gegenden einzuführen, etwa im Erzgebirge, auf der Schwäbischen Alb oder im österreichischen Waldviertel. Doch die Erwartungen erfüllten sich nicht, ähnlich wie übrigens im Schwarzwald die geplante Taschenuhrmacherei nicht heimisch werden konnte. Die eigentliche Uhrenproduktion war in relativ kurzer Zeit erlernbar, doch eine gewerbliche Infrastruktur aufzubauen, dauerte länger. Es fehlte oft an der eingespielten Arbeitsteilung, von den Gießern über die Schildmaler bis zu den Werkzeugherstellern, und es mangelte ebenso an der Absatzorganisation, am Vertrieb der Uhren durch aktive Händler in nahezu allen Ländern Europas.

Unentbehrlich bis heute sind zwei empirische Studien, die 1840 (Poppe) und 1848 (Meitzen) publiziert wurden. Poppe interessiert sich besonders für Produktionstechnik

34

und Fertigungsprogramm, Meitzen, der als Schlesier die Nöte der Handweber kannte, für die sozialen Verhältnisse der Uhrmacher. Am Material der Archive wird erkennbar, daß sich in den 1840er Jahren die Beschwerden über schleppenden Geschäftsgang und wachsende Handelshindernisse, über Pfuscharbeit und Verfall der Preise mehren. Viele Uhrmacher beklagten sich über die Ausbeutung durch die Uhrenspediteure ("Packer"). Abermals wurden Wünsche nach einer Zunftordnung laut, um die Qualität der Uhren zu gewährleisten und den Zugang zum Beruf zu regulieren.

Kritische Zeitgenossen sahen die Ursachen in anderen Bereichen. Meitzen hebt besonders ab auf den mangelnden Bildungsstand im Uhrengewerbe, ein hoher badischer Beamter (Kern) diagnostiziert "ein eigensinniges Festhalten am Althergebrachten", betont werden auch die Fortschritte im Uhrenbau, die andere Länder inzwischen gemacht hatten. Es gibt bisher noch keine umfassende Studie, die

über das Aufzählen möglicher Plausibilitäten hinausweist und nach den Ursachen forscht. Eine Überlegung liegt allerdings nahe: wenn die Uhrenpreise tendenziell sanken, sah es schlecht für die Produktivität aus, zumal die wöchentliche Arbeitszeit bereits über 70 Stunden betrug. Gegen die Uhrmacherschule Furtwangen, deren Besucher nach 1850 gut 60 Stunden Unterweisung pro Woche hatten, wurde der Vorwurf erhoben, die "Zöglinge würden verzärtelt und nicht an anhaltendes Arbeiten gewöhnt".

Besonders schlecht kommen in der Diskussion die "Packer" weg, die internationale Nachfrage und regionales Angebot aufeinander abstimmen mußten. Sympathie für die wirtschaftlich schwächeren Uhrmacher läßt in vielen Publikationen wenig Raum, um die ökonomischen Aufgaben dieser Spediteure zu würdigen, die meist im Auftrag auswärtiger Uhrenhändler Sendungen zusammenstellten, also Uhrwerke, Schilder und Zubehör

Ehemalige Gewerbehalle Furtwangen. Standort der Uhrmacherschule von 1877 – 1891. – Privat

getrennt in große Kisten "verpackten". Ein Freiburger Professor (Mischler) beschreibt 1851 die Situation: "Der Packer war und ist in der Regel nicht allein Lieferant für die im Ausland tätigen Uhrenhändler, sondern auch Lieferant für die Uhrmacher, er liefert Vorschüsse, Draht, Räder, Lebensmittel, Geld in kleinen Abschlagszahlungen ...".

Zweifellos konnte dieses Trucksystem, d.h. die Zahlung durch überteuerte Waren statt durch Bargeld und/oder das Ausnützen der finanziellen Notlage vieler Uhrmacher bei den Preisverhandlungen zur Ausbeutung führen, doch der Packer lebte wenigstens am Ort und hatte seine Reputation als ordentlicher Kaufmann zu wahren; eine Lieferung an zahlungsunfähige auswärtige Händler traf ihn selbst. Zwar konnte der einzelne Uhrmacher durch Direktversand seiner Produkte höhere Preise

"Die Uhrenfabrikation im Schwarzwald", aus:
"Die Hausindustrie im Schwarzwald" von L. Gärtner,
in: Illustrierte Welt, 1865/1. – Privat

erlangen, doch dem stand auch ein höheres Kreditrisiko gegenüber. Steyrer hat das Problem in folgende Worte gefaßt: "Denn es trug sich schon manchmal zu, daß sich einige Uhrenhändler unbezahlter Sache wegen unsichtbar gemacht haben." Wahrscheinlich blieb für viele Uhrmacher die Zusammenarbeit mit (mehreren) Packern immer noch das kleinere Übel. Auch wenn die Zeiten bisweilen hart waren, Massenelend wie damals in manchen größeren Städten oder in armen Gebirgsgegenden, blieb dem Schwarzwälder Uhrengewerbe erspart.

Uhrmacherschule Furtwangen

Auf dem Höhepunkt einer sich durch Mißernten verschärfenden Krise formierte sich 1847 in Schönenbach der Gewerbsverein für den uhrenmachenden Schwarzwald, dem zeitweilig knapp 800 Mitglieder aus 35 Orten angehört haben. Als Vereinsorgan diente 1847/49 das in Villingen erscheinende "Uhrengewerbsblatt für den Schwarzwald", das im Gegensatz zu anderen Gewerbezeitschriften der Zeit vorwiegend Originalbeiträge enthielt. Obwohl der Verein 1849 als Folge der fehlgeschlagenen badischen Revolution verboten worden war, konnte sein Hauptziel, die Errichtung einer Uhrmacherschule, im Frühjahr 1850 verwirklicht werden. Sie wies damals schon alle Merkmale einer modernen Uhrmacherschule aus: Ganztagesunterricht in Werkstätten und Schulstuben, Verbindung von Theorie und Praxis, und (geplante) drei Jahre Schulbesuch, die durchschnittliche Verweildauer lag allerdings bei 1,5 Jahren.

Vier Orte hatten sich als Standort beworben: Furtwangen, Neustadt, Triberg und Vöhrenbach. Rational und modern mutet der Entscheidungsprozess an; abgestimmt wurde über die Frage: "Wieviele Uhrengewerbsleute wohnen in jedem der vier Orte und bis auf zwei Wegstunden weit um jeden herum?" Die Auswertung ergab für Vöhrenbach 1.199, für Neustadt 1.270, für Triberg 1377 und für Furtwangen 2.018 Personen. Damit hatte Furtwangen gewonnen. Die Entscheidung brachten die Nachbarorte mit hoher Gewerbedichte, die bekannten Uhrmacherdörfer Gütenbach, Neukirch und Schönwald. Von 1852 bis 1856 erschien, redigiert vom Schulleiter Robert Gerwig, das "Gewerbeblatt für den Schwarzwald"; außerdem wurden technische Zeichnungen von "Musteruhren" publiziert und Entwürfe heimischer Künstler für neue Uhrgehäuse ("Musterblätter").

Im ausgehenden 19. Jahrhundert wurde das Schwarzwälder Kleingewerbe zum Forschungsgegenstand der historischen Schule der Nationalökonomie. Auch heute noch bedeutsam sind die in diesem Zusammenhang entstandenen Studien von Gothein (1892) und Loth (1899). Doch zuvor schon hatte sich im Schwarzwald zwischen 1880 und 1890 ein entscheidender Strukturwandel vollzogen. Der Schwerpunkt der Massenfertigung verlagerte sich allmählich von Baden nach Württemberg, nach Schramberg (Junghans, Landenberger) und bald auch nach Schwenningen (Mauthe, Kienzle, Haller).

Die Zahl der fabrikmäßig gefertigten Uhren überstieg die Produktion der kleinen Werkstätten, Uhrwerke nach "Amerikanerart" mit durchbrochenen Messingplatinen und Federantrieb verdrängten die überkommenen gewichtsgetriebenen Schwarzwalduhren im Holzgestell (Holzplatinen). Aus selbständigen oder auch nur noch vermeintlich selbständigen "Kleinmeistern" wurden Fabrikarbeiter.

Hausgewerbe und Uhrenhändler

Im Rückblick treten beim Hausgewerbe deutlich spezifische Entwicklungsabschnitte hervor. In der frühen kreativen Phase des Gewerbes im 18. Jahrhundert bildeten sich die für eine arbeitsteilige Produktion wichtigen Hilfsgewerbe heraus – vom Gestellmacher bis zum Gießer – es entstanden rationelle Bauteile wie der Schwarzwälder Blechanker, der in der Uhrenfertigung in Europa wie in den USA noch im 20. Jahrhundert vielmillionenfach verwendet wurde, man hat Arbeitsgeräte und

Werkzeuge zweckentsprechend abgewandelt. Es entstand die Produktpalette von der kleinen Jockeleuhr bis zur großen 8-Tage-Uhr. Im Gegensatz zu anderen Gegenden mit Holzuhrenproduktion haben die Schwarzwälder konsequent die technische Entwicklung nachvollzogen, wenn auch oft mit jahrzehntelangem Rückstand gegenüber den städtischen Zentren. Aus der Waag entwickelte sich das Vorderpendel, im ausgehenden 18. Jahrhundert wurden schließlich Uhren mit Schwerkraftpendel und Ankerhemmung immer häufiger.

Kennzeichnend für den Schwarzwald ist auch der allmähliche Übergang von der "gantz hölzernen Uhr" über die halbmessingene zur holzgespindelten Uhr mit Messingrädern auf hölzernen Achsen. Die Arbeitsproduktivität nahm beträchtlich zu, zwischen 1720 und 1790 wohl um das Fünffache. Flexible kleine Handelsgesellschaften haben Europa immer dichter mit dem Netz ihrer Verkaufsbezirke überzogen. Besonders wichtige Absatzländer waren Frankreich, Großbritannien und die deutschen Staaten. Die erste amtliche Erhebung von 1841/43 ergab für die zwei Uhrmacherbezirke Neustadt und Triberg 731 Uhrenhändler in "4 Weltteilen und 23 Ländern von Europa", die vielen, ständig im Ausland lebenden Schwarzwälder wurden dabei nicht mitgezählt. Von den genannten 731 Händlern arbeiteten über 40 % in Großbritannien, besonders im Raum London, und über 17 % in Frankreich. Im Uhrmacherregister von Brian Loomes, das besonders Großbritannien und das 19. Jahrhundert umfaßt, wurden 40 typische Schwarzwälder Namen nachgeschlagen, mindestens dreimal war jeder erwähnt. Heitzmann (Heizmann) ist mit 34 Nennungen vertreten und Fe(h)renbach mit 29, es gibt darin 26 Klayser (Kleiser), 24 We(h)rle und 23 Winterhalder.

Politisch gehörte im 18. Jahrhundert das Schwarzwälder Uhrmachergebiet zu drei Territorien, im Norden zum Herzogtum Württemberg (St. Georgen), im Westen zu Vorderösterreich (Triberg, St. Peter), und im Osten und Süden zum Fürstentum Fürstenberg (Neustadt, Vöhrenbach). Nach der Neugliederung

Schildermalerin nach L. Reich. – Privat

Schwarzwälder Zifferblattmaler nach G. Heine. – Privat

zu Beginn des 19. Jahrhunderts lag seit 1806 die klassische Uhrmacherregion fast völlig im Großherzogtum Baden, auch St. Georgen wurde 1810 badisch. Die Grenze zum Königreich Württemberg verlief zwischen Villingen (Baden) und Schwenningen (Württemberg). Es überrascht, daß sich im 18. Jahrhundert, über die Territorialgrenzen hinweg, ein einheitliches Gewerbegebiet mit zahlreichen technischen und merkantilen Verflechtungen entwickeln konnte.

Strukturwandel

In der ersten Hälfte des 19. Jahrhunderts folgt ein Zeitraum fertigungstechnischer Konsolidierung mit Tendenz zur Erstarrung. Die Produktionszahlen stiegen weiterhin, von jährlich 150.000 nach 1800 auf 700.000 nach 1850, doch ähnlich stark nahmen die Beschäftigtenzahlen zu. Eine einfache 12-Stunden-Uhr pro Mann und Tag, diese Faustregel galt 1800 wie 1840. An die 15 Millionen Uhren wurden zwischen 1800 und 1850 in den kleinen und kleinsten Werkstätten des hohen Schwarzwaldes für Europas Stuben gefertigt.

Nach 1850 kamen die Jahrzehnte der verschleppten Strukturkrise des Kleingewerbes, das im übrigen bis zur Jahrhundertwende von der badischen Regierung als förderungswürdige Alternative zum Fabriksystem angesehen wurde. Dank leistungsfähiger Bestandteilfabriken, die zeitraubende Vorarbeiten, wie das Zahnen der Räder, übernommen hatten, konnten viele Uhrmacher noch mit den Fabriken mithalten, wenn auch bei niedrigem Einkommen und extrem langer Arbeitszeit. Die gewichtsgetriebene Schwarzwalduhr mit einfachem Lackschild war selbst um 1900 noch billigstes Produkt des Großuhrenmarktes.

Lackschilder

Dieses Holzlackschild, das ebenso wie der Kuckuck im Bahnhäuslekasten zum Symbol für den Schwarzwälder Uhrenbau werden

38

konnte, war gleichfalls noch im späten 18. Jahrhundert entstanden. Lackschilduhren prägten die Schwarzwälder Produktion bis 1850 und wurden auch später noch für manche Länder in großen Stückzahlen gefertigt. Die genannte statistische Erhebung von 1841/43 nennt insgesamt 48 selbständige Schildmacher und 149 selbständige Schildmaler; ein Adreßkalender von 1860 erwähnt 25 Schildbrettmacher, die wohl vorwiegend bereits Wasserkraft nutzten, und 123 Schildmaler, von denen 100 nur Lackschilder gefertigt haben, 10 kolorierten außerdem noch geprägte Messingschilder, und weitere 10 bezeichneten sich als Blechmaler.

Die frühen Schwarzwalduhren waren robust und billig, doch vom Aussehen her konnten sie nicht überzeugen. Die aufgeklebten Papierzifferblätter waren anfällig für Feuchtigkeit und vergilbten zudem rasch, die aufgetragenen Wasserfarben verblichen. Als deshalb die Konkurrenzprodukte ein neues "Gesicht" bekamen – die französische "Comtoise" erhielt nach 1760 ihr großes Emaillezifferblatt, die englische Bodenstanduhr nach 1770 ihr lackiertes Blechschild ("white dial clock") – mußten sich auch die Schwarzwälder etwas einfallen lassen. Metall und Email schieden aus Kosten- und Beschaffungsgründen aus, blieb also der bewährte Rohstoff Holz. Fast zwei Jahrzehnte hindurch wurde im Schwarzwald experimentiert, bis Verfahren und Materialien gefunden waren, ein Schild aus Weichholz mit einem dauerhaften und zugleich farbbeständigen Überzug auszustatten. Man hat übrigens stets mehr Uhrenschilder produziert als Uhrwerke, was darauf schließen läßt, daß Schilder ausgetauscht wurden.

Während Blumenornamente häufig freihändig aufgetragen wurden, verwendete man für die Einteilung des Zifferblattes eine Schablone. Schon vor 1840 begannen die Versuche, Kupferstiche oder Lithographien auf das weiße Schild zu übertragen und farbig auszumalen, auf diese Weise ließen sich komplizierte Darstellungen verwirklichen. Ein neues Verfahren kam 1860 auf: die Metachromatie, das farbige Abziehbild, das nur noch überlackiert werden mußte. Manchmal läßt sich auf den ersten Blick nur schwer entscheiden, ob eine deutlich vom Umfeld abgegrenzte Abbildung im Schildbogen ausgemalte Lithographie oder farbiges Abziehbild ist.

Uhrengattungen

Es ist üblich, die größeren Schwarzwälder Uhren nach ihrer Laufdauer und die kleineren nach Eigennamen zu bezeichnen. Während um 1800 vermutlich die 12-Stunden-Uhr mit Papierzifferblatt am häufigsten gefertigt wurde, hatte um 1840 die normalgroße 24-Stunden-Uhr mit Lackschild, Schlagwerk und Messingrädern auf Holzachsen ihre große Zeit. Nach 1870 dominierte dann das mittelgroße Schottenwerk. Man findet es in vielerlei Rahmenuhren mit geprägtem Messingschild oder Hinterglasbild, im Uhrenkasten ("Biedermeieruhr") oder mit Holzlackschild, bzw. Porzellanschild. Die Gestellmaße, jeweils senkrecht gemessen von Holzoberkante zu Holzunterkante, erklären am einfachsten die Zugehörigkeit zu bestimmten Produktgruppen.

Der Schildermaler Karl Straub (1892 – 1979). – Privat

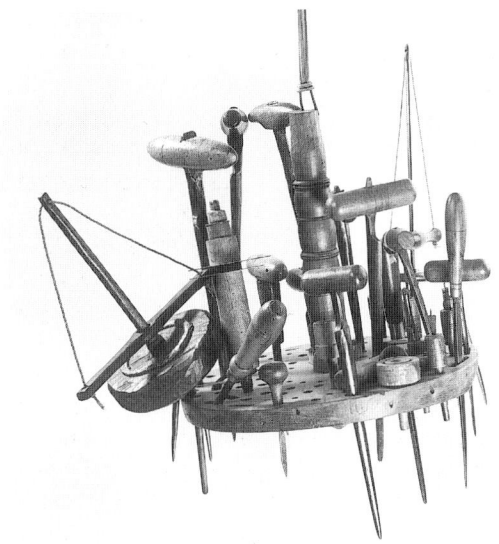

Drille eines Schwarzwälder Uhrmachers,
2. Hälfte 18. Jh. – Privat

Werbeplakat nach einem Entwurf von Eugen Gross,
um 1970. – Foto-Carle-Triberg

Die 8-Tage-Uhr hat eine Gestellhöhe von etwa 20 cm, die normalgroße 24-Stunden-Uhr mißt 16 cm. Die Schottenuhr, gleichfalls mit 24 Stunden Laufdauer, weist eine Gestellhöhe von 11 cm auf, Jockeleuhren kommen auf 8 cm und die Sorgührchen liegen noch darunter. Der Name Schottenuhr soll auf einen Johann Dilger vom Schottenhof bei Neustadt zurückgehen, hier folgt die Uhrenforschung immer noch ihrem Altmeister Adolf Kistner. Interessant erscheint jedoch in diesem Zusammenhang ein Zufallsfund aus der Spiegelhalder Sammlung im Stadtarchiv Villingen-Schwenningen: "1898: Mündliche Mitteilung von Karl Bernauer 80-jährig Neustadt. Schotten Uhren wurden gemacht von einem Schwörer, wohnte im Schotten, zu Vierthäler gehörig zwischen Neustadt und Titisee. Der Schotte besteht aus zwei Häusern, Schottenbeck und Schottensäger."

Genauer informiert sind wir inzwischen über den Lebenslauf von Jakob ("Jockele") Herbstreit (1763 – 1845), andere nennen ihn Herbstrieth. Er hat in den 1790er Jahren in Eisenbach als erster sehr kleine Schwarzwalduhren gebaut. Seit etwa 1850 war es üblich, Uhren mit Gestellhöhe von 8 cm als "Jockele" zu bezeichnen; in der Größe darunter liegen nur noch Sorgührchen. Solange wir nicht wissen, welche Größe die originalen Jockeleuhren tatsächlich hatten, erscheint es zumindest aus historischer Sicht gewagt, die genannten 8 cm als Norm für Herbstreits Erfindung anzusetzen. Wenn es allerdings darum geht, im Antiquitätenhandel einheitliche Begriffe durchzusetzen, spricht nichts gegen die genannte Einteilung. Schließlich verwenden wir auch das Wort "Fallerschild" als Gattungsbegriff; der Nachweis, welches tatsächlich aus der Werkstatt des berühmten Bildhauers Matthias Faller (1707 – 1791) stammt, dürfte allerdings schwer fallen.

Die bereits erwähnte handschriftliche Notiz aus der Spiegelhalder-Sammlung von 1898 besagt zu diesem Thema: "Joseph Sorg Neustadt arbeitete auf dem Spritze-Häusle und machte Jockele-Ührle, denen er den Namen Sorge-Ührle (nach sich selbst) gab. Als im Jahre 1814 Österreicher und Russen durch Neustadt zogen, wollten ihm die Offiziere fl 16 für solch ein Ührle zahlen, er aber war zu faul zum arbeiten." Sollte die genannte Jahreszahl stimmen, dann handelte es sich eindeutig um Joseph Sorg alt (1786 – 1866) und nicht um seinen Halbbruder Joseph Sorg jung (1807 – 1872), dem bisweilen die frühesten Miniaturührchen zugeschrieben werden.

Legenden

Wer die Literatur über die hausgewerbliche Schwarzwälder Uhrmacherei sichtet, begegnet immer wieder zählebigen Fehlmeinungen und Legenden, die mögliche Einzelfälle zum Normalfall überhöhen oder auch jeglichen Realitätsgehalt vermissen lassen, so die Behauptung, die hölzerne Uhr sei im Schwarzwald zuerst erfunden worden. Weit verbreitet ist die Auffassung, Schwarzwälder Uhrmacher hätten ihre im Winter gefertigten Uhren im Umland selbst verhökert. Diesen Absatzweg gab es, aber eher als Kümmerform des Gewerbes. Im zentralen Uhrmachergebiet hatten sich bereits vor 1750 Produktion und Absatz getrennt. Im Gegensatz zu anderen Gegenden mit ländlichem Exportgewerbe ist es den Schwarzwäldern gelungen, fremden Einfluß bei Produktion, Versand und Verkauf fernzuhalten.

Häufig trifft man auch auf die These vom "Bauernuhrmacher", der die landwirtschaftlich unergiebigen Wintermonate mit Uhrenmachen ausgefüllt haben soll. Die weitaus meisten Schwarzwälder Uhrmacher übten jedoch ihren Beruf ganzjährig aus, in moderner Sprache ausgedrückt waren sie qualifizierte Holz-Metall-Arbeiter, die Nebenerwerbslandwirtschaft zählte zu den Aufgaben der weiblichen Familienmitglieder. Streng unterschieden wurde damals zwischen den "Höfen" der Bauern, die jeweils der jüngste Sohn ungeteilt übernommen hatte, und den "Gewerbshäusle" der Uhrmacher. Die Hofbauern standen dem Uhrengewerbe eher ablehnend gegenüber, denn bessere Erwerbschancen "verdarben" die Gesindelöhne und finanzkräftige Uhrenhändler konnten ihre soziale Vorrangstellung im Dorf gefährden.

Unrealistische Vorstellungen werden auch hinsichtlich der verwendeten Werkzeuge kolportiert, man könnte geradezu von einer "Schnitzmesserlegende" sprechen. Doch gleichgültig, mit welchen Verfahren ein Rad verzahnt wurde, Ausgangsmaterial mußte ein runder Rohling sein, der sich in vertretbarer Zeit nur auf einer Drehbank herstellen ließ. "Räderschneidzeug", eine Kombination aus Teileinrichtung und Fräser, diente als mechanische Hilfe beim Verzahnen, der Spindelbohrer wurde zur Herstellung der Laternentriebe (Hohltriebe) benötigt, eine oder zwei Drehbänke gehörten dazu und vielerlei Kleinwerkzeug; das war die Standardeinrichtung einer Wohnstuben-Werkstatt bereits in der 2. Hälfte des 18. Jahrhunderts.

Uhrenindustrie

Etwa ein Drittel aller Uhren, Taschenuhren inbegriffen, die in der 1. Hälfte des 19. Jahrhunderts in Europa produziert wurden, stammten aus dem Schwarzwald. In den Wohnungen der Fabrikarbeiter von Manchester tickten die sog. Dutch machines bereits 1840, in deutschen Arbeiterhaushalten 1870. Als die großen Uhrenfabriken in Schramberg und Schwenningen nach 1900 ihre Produktivkräfte voll entfaltet hatten, wurde in den Wohnstuben die bereits vorhandene Schwarzwälder Gewichtsuhr vom fabrikmäßig gefertigten Federzug-Regulator abgelöst. Neu hinzu kamen Wecker im Metallgehäuse mit Glocke obenauf als transportable Zeitmesser und Mahner an Termine. Sie wanderten oft zwischen Küche und Schlafstätte hin und her, für viele Haushalte die ersten Zweituhren und zugleich – neben der amerikanischen "One-Dollar-Watch" – die ersten Wegwerfuhren der Geschichte. Die Entwicklung der Uhr vom Luxusgut zum Gebrauchsartikel war abgeschlossen. Die einst in Gewerbshäusle und Wohnstuben arbeitenden Schwarzwälder Uhrmacher hatten ihren Anteil daran.

Nachstehender Beitrag ist in veränderter Form erschienen in der Zeitschrift Baden-Württemberg 1/1989

EINST ZOGEN SIE INS "UHRENLAND"…

Helmut Kahlert

Marketing auf Altschwarzwälder Art

Bereits um 1750 erklangen die Kaufrufe der wandernden Schwarzwälder Uhrenhändler in den Straßen von Paris und London, 20 Jahre später auch in St. Petersburg und Lissabon; doch ebenso präsent waren sie auf den ländlichen Jahrmärkten in Ungarn oder in Polen. Nach einer Ausbildung in den heimischen Werkstätten zogen sie im Alter von 16, 17 Jahren als Gehilfen der Uhrenhändler in die Fremde, ins "Uhrenland". "Dieses ist ihr gemeiner Spruch, sie mögen hernach in Frankreich, in Türkey, in Nordamerika oder anderswohin reisen", schrieb 1796 Pater Franz Steyrer vom Kloster St. Peter. Im Jahre 1842 wollte es die badische Regierung dann ganz genau wissen, befragte alle Bürgermeisterämter und ermittelte Uhrenhändler "in vier Weltheilen und 23 Ländern in Europa". Ihnen verdankte die ferne Heimat Beschäftigung und bescheidenen Wohlstand. Um nochmals Pater Steyrer zu zitieren, "die Welt ist groß, und solange man die Uhrenhändler im fremden Land geduldet, so lange kann das Uhrenmachen einen dauerhaften Fortgang haben".

Den Uhrenhändlern ist gelungen, was modernen Marketingstrategen als hohes Ziel vorschwebt, neuartige Produkte auf internationalen Märkten dauerhaft durchzusetzen, ein Luxusgut der Reichen zum Gebrauchsgut für alle umzuformen. Die erste Uhr, die in zahllosen Bauern- und Kleinbürgerstuben Europas tickte und die Stunden schlug, stammte aus dem Uhrmachergebiet des hohen Schwarzwaldes. Als dann die nimmermüden "dutch machines" selbst in den Wohnungen der Fabrikarbeiter von Manchester Einlaß fanden, hatte die Uhr ihren Produktcharakter grundlegend verändert. Pünktlichkeit, einst "die Höflichkeit der Könige", konnte sich zur allgemeinen Bürgertugend entfalten.

Den Zeitgenossen haben damals die Produktionszahlen des Schwarzwälder Hausgewerbes gewaltig imponiert, nach 1800 etwa 150.000, um 1845 über 600.000 Uhren pro Jahr, insgesamt in der ersten Hälfte des 19. Jahrhunderts über 15 Millionen. Das entsprach einem Drittel der europäischen Produktion, Taschenuhren eingeschlossen. Diese Steigerung der Fertigung war nur möglich, weil die Uhrenhändler Europa mit einem Netz von Verkaufsbezirken überzogen.

Flexible kleine Handelsgesellschaften

Bereits vor 1750 trennten sich im Schwarzwald Produktion und Absatz. Die schöne Mär vom Uhrenmacher, der seine im Winter selbst gefertigten Produkte im Sommer verhökert hat, mag sich für Fremdenverkehrswerbung eignen, Historiker sehen darin allenfalls eine Kümmerform des Gewerbes. Pfarrer Jäck, der um 1800 die Entwicklung beobachtete, kam zu anderen Aussagen: "Je zwei oder drei vereinigen sich zu einer Societät à conto meta (gleiche Teilung von Gewinn oder Verlust), kaufen einige hundert Uhren ein, reisen ins Innere des zum Handel gewählten Landes, nehmen überdies noch Unterhändler unter dem Namen Uhrenknechte mit, und ließen sich ihre Waren mittels Spedition nachschikken. Im Lande selbst verteilen sich dann die Händler mit ihren Knechten, nachdem sie

D'r Uhrehändler

Uhre, Uhre, Uhre!
Uhre, wia's kai bessri git!
Als brav kauft, ihr Bure,
Als brav kauft, ihr Städtlislüt!
Uf d'r Beit'l als brav kauft,
Daß bigoscht d'r Hand'l lauft!

Uhre, Uhre, Uhre!
Jikauft, Lütli! Sin nit dumm!
Zwai, drei Johr ka's dure,
Bis i widder zue=n üch kumm.
Griffe zue enanderno!
Morn, Lüt, bin i nimmi do!

Uhre, Uhre, Uhre!
's isch e Ziar un's isch kumod.
M'r mueß grad v'rsuure,
Wenn im Hus kai Gäng=gäng goht,
Lewe mueß im Stüwli sii.
Voraa, Lütli! Kaufe=n ii!

Gedicht von August Ganther, aus "Wälderlüt"

sich einen Zentral- oder Stapelort gewählt hatten, durchstreifen zur Marktzeit nicht nur Städte und Flecken, sondern durchwandern auch einzelne Dörfer und Gegenden, wo sie, ein Pack Uhren auf dem Rücken, und eine unter dem Arm, an den Glöckchen schlagend, ihre Ware feilboten. So erhielten in den drei Dezennien 1740, 1750, 1760 Europas merkwürdigste Länder und Provinzen kleine Uhrenhändler Colonien aus dem Schwarzwald."

Das Leben dieser ambulanten Händler war anstrengend, voller Entbehrungen und zudem noch gefährlich, denn jeder Gauner wußte, ein Hausierer hat Bargeld. "Wo auch nur einige Wahrscheinlichkeit war, eine Uhr verkaufen zu können oder zum Reparieren zu bekommen, war ihnen kein Weg zu weit. Tagmärsche von 12 und 15 Stunden, um Messen und Märkte zu besuchen, schienen ihnen nicht zu anstrengend", schrieb 1847 ein Branchenkundiger. Selbst in die Gesellschaftsverträge wurde die Forderung nach einem "nüchternen, mäßigen Leben" aufgenommen, das galt für Nahrung, Wohnung und Kleidung, schließlich sollte eine Lederhose acht Jahre lang unentwegt getragen werden! Als bekannt wurde, daß ein älterer Händler seine Uhren nicht auf dem Rücken, sondern mit einem Eselskarren transportierte, hatte er nicht nur harte Worte seiner Compagnons hinzunehmen, sondern zusätzlich einen beträchtlichen Gewinnabzug. Noch 1838 schrieben die Statuten der Berner Gesellschaft vor, daß Reisen in der Postkutsche nur bei Krankheit oder bei "pressanten Geschäften" erlaubt seien.

Krankheit in der Fremde barg doppeltes Risiko, so daß in den Gesellschaftsverträgen ganz genau festgelegt wurde, welchen Anteil am Gewinn die Erben eines Partners zu beanspruchen hatten, falls dieser während des Geschäftsjahres sterben sollte. Die Schicksale sind in den Kirchenbüchern der Heimatgemeinden verzeichnet; allein aus dem Uhrmacherdorf Neukirch bei Furtwangen starben im Jahre 1783 drei Uhrenhändler im Ausland, in Amsterdam, in Polen und auf der Seereise nach St. Petersburg, und in der Totenliste der Pfarrei Urach werden fast alle größeren Städte

Europas erwähnt. Das schloß nicht aus, daß bei Aufenthalten in der Heimat oft mit dem erworbenen "Reichtum" angegeben wurde. Frühe Chroniken über die Schwarzwälder Uhrmacherei erwähnen die "türkischen Kleider" des Matthias Faller aus Friedenweiler ebenso wie den "roten Rock französischen Zuschnitts" des Friedrich Dilger aus Urach.

Erfolgreiche Uhrenhändler kehrten manchmal wieder in die Heimat zurück und kauften Bauernhöfe, um darzulegen, daß ihnen der Aufstieg von der unterbäuerlichen in die großbäuerliche Sozialschicht gelungen war. Andere beteiligten sich am Uhrenversand, später auch an den aufkommenden Fabriken oder verzehrten ihre Leibrenten im Schwarzwald. Der Volksschriftsteller Heinrich Hansjakob schildert solch einen Lebenslauf: erst Lehre bei einem Uhrmacher, dann Gehilfe bei einem Schwarzwälder Händler in England, schließlich selbständig. Als begüterter Mann kehrte er nach dreißig Jahren wieder heim und "da ihm Schönbach (bei Furtwangen) zu klein war, zog er in die schöne Dreisamstadt, wo noch viele Schwarzwälder Engländer auf ihren Lorbeeren ruhen". Doch viele Händler blieben auch für immer im fremden Land, in englischen Uhrmacherverzeichnissen begegnen uns Namen wie Wehrle und Winderhalter, Kleiser und Fehrenbach immer wieder.

Das Leben auf Straßen und Märkten

Die Schwarzwälder Uhrenhändler waren harte Geschäftsleute, geprägt vom Leben auf Straßen und Märkten. Wer in "Armutsgesellschaften" Stücke des nicht alltäglichen Bedarfs verkaufen wollte, mußte um die wenigen verfügbaren Einkommensteile hart kämpfen, mit ortsansässigen Händlern und Handwerkern ebenso wie mit den zahlreichen anderen ambulanten Gewerbetreibenden. In Bildveröffentlichungen aus der Zeit ist der Schwarzwälder Uhrenhändler abgebildet zusammen mit Wildpretverkäufer und "Zundermann", mit Bandkramer und "Elektriseur". Handelshemmnisse, die eifrige Magistratsbeamte ebenso bereiten konnten wie mißgün-

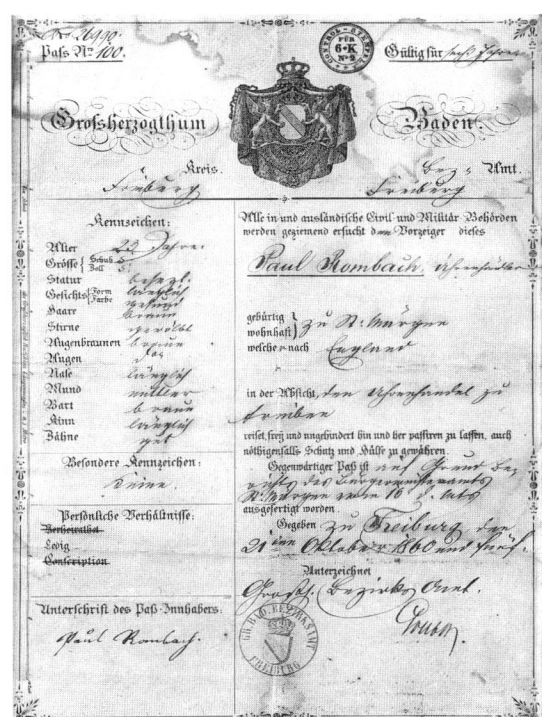

Paß des Großherzogtums Baden für einen Uhrenhändler, ausgestellt Freiburg 1860. – Heimatmuseum St. Märgen

Aufenthaltsgenehmigung für einen Uhrenhändler aus St. Märgen im Königreich Frankreich, ausgestellt Straßburg 1839. – Heimatmuseum St. Märgen

stige Konkurrenten, wurden oft virtuos umgangen, manchmal auch trickreich überspielt. Schwarzwälder prozessierten in Frankreich erfolgreich für ihre Gewerbefreiheit und sie umgingen das schwedische Uhren-Einfuhrverbot, in dem nur Einzelteile importiert werden durften. In Berlin erwarben sie Konzessionen als Holzuhrenmacher, die angeblich nur in Preußen hergestellte Rohstoffe verarbeitet haben, was allerdings damals, wie die Gerichtsakten beweisen, niemand so recht glauben wollte. Doch besondere Bewunderung verdient die Erschließung neuer Märkte. Der Kaiserin Katharina II. von Rußland wurde eine Schwarzwälder Spieluhr verehrt, bei der die 12 Apostel die Stunden schlugen; ein anderes kompliziertes Spielwerk, vermutlich nach türkischem Geschmack gefertigt, überreichte 1779 ein Schwarzwälder Uhrenhändler dem "Großsultan" in Istanbul. Wie sie es geschafft haben, ohne Sprachkenntnisse bis zu den Herrschern vorzudringen, wird wohl immer ihr Geheimnis bleiben. Auf jeden Fall ging die Rechnung auf, Kaiserin und Sultan zeigten sich erkenntlich, Schwarzwälder durften in ihren Ländern Handel treiben, manchmal gar noch mit Steuervergünstigung.

Krätze eines Uhrenmachers. – Museum St. Märgen

Besonders amüsant ist eine aus England überlieferte Anekdote. Danach hatten die dortigen Zöllner das Recht, eine ihrer Meinung nach zu niedrig deklarierte Partie dem Importeur zu diesem Preis abzukaufen und die Ware dann auf eigene Rechnung zu versteigern. Dies machte sich ein Schwarzwälder Uhrenhändler zunutze, in dem er bewußt eine Kiste Uhren niedrig einstufte, die dann auch prompt von den Zöllnern übernommen wurde. Doch bei der Versteigerung stellte sich rasch heraus, daß die Uhren unvollständig waren, denn der raffinierte Händler hatte bei den Uhrwerken zwei Zahnräder einfach weggelassen. Und so gelang es ihm, die Partie zu einem Spottpreis wieder zu erwerben. Ob allerdings die gleichen Zöllner die Sendung mit den Zahnrädern auch abgefertigt haben, entzieht sich der Kenntnis des Chronisten.

Doch Voraussetzung für nachhaltige Verkaufserfolge waren geeignete Produkte in Verbindung mit der Fähigkeit, Vertrauen zu stiften, was durch wiederholte Besuche in umgrenzten Verkaufsbezirken und durch Kundenpflege erleichtert wurde. Die Schwarzwälder Gewichtsuhr, anfangs mit Holzrädern, später mit Messingrädern, war ein Erzeugnis, das die Erwartungen ihrer Käufer erfüllen konnte: zuverlässig, robust, langlebig und im Bedarfsfall einfach zu reparieren. Auch in ästhetischer Hinsicht entsprachen bis gegen Mitte des 19. Jahrhunderts die Holz-Lackschilder den Ansprüchen ihrer Nutzer. Bei der Gestaltung berücksichtigte man regionale Geschmacksunterschiede, dezente Farben wurden in Norddeutschland und England bevorzugt, die Käufer in Frankreich und Spanien forderten kräftigere Tönungen und zeigten Vorliebe für ihre Nationalfarben. Es gab Uhrwerke in verschiedenen Größen und mit unterschiedlicher Laufdauer, doch in der ersten Hälfte des 19. Jahrhunderts dominierte eindeutig die (größere) 24-Stunden-Uhr mit Lackschild und Schlag auf Glocke. Kuckucksuhren waren damals eher selten, sie kamen als Massenerzeugnis erst nach 1760 auf den Markt.
Dann aber wurde der "Bahnhäusle-Kuckuck", dessen Grundform der Karlsruher Professor

Friedrich Eisenlohr in Anlehnung an die von ihm konzipierten Bahnwärterhäuschen der Rheinlinie entworfen hatte, zu einem Jahrhundertdesign. Mochten auch einzelne Kunstkenner dagegen eifern, Millionen Menschen aus aller Welt haben die Kuckucksuhr mit geschnitzter Vorderfront, Beinzeigern und Tannenzapfengewichten gekauft – und geliebt.

Massenartikel Schwarzwalduhr

Mehr als ein Jahrhundert blieb die Schwarzwälder Gewichtsuhr das billigste Produkt des Großuhrenmarktes. Selbst die Uhr des französischen Bauernhauses, die Comtoise, war trotz hoher Eingangszölle immer noch fast doppelt so teuer wie die im Typ vergleichbare Schwarzwälder 8-Tage-Uhr. Die nach 1840 mit neuer Technologie produzierenden amerikanischen Uhrenfabriken haben zwar für Aufregung gesorgt, doch nur in England und in den deutschen Küstenländern entwickelte sich um 1850 das "Amerikanerwerk" zu einer ernsthaften Konkurrenz. Erleichtert hat den Absatz auch, daß die Zimmeruhr als erstrebenswertes Prestigeobjekt gegolten hat, aber ebenso als Symbol für zivilisatorischen Fortschritt. Ein deutscher Schriftsteller formulierte 1829: "Wer will bestimmen, wieviel Sinn für Zeitwert und Ordnung diese Schwarzwälder Uhren unter die Leute brachten ...".

Doch all diese Vorteile dürfen nicht darüber hinwegtäuschen, daß der erste Kauf einer Wanduhr in jenen Tagen eine "große" Anschaffung war, begleitet vom Gefühl der Unsicherheit, ob sie auch wirklich funktionieren würde. Hinzu kamen noch die Vorbehalte gegen landfremde Verkäufer. Mehr als alle Rhetorik nutzte sicher die Bestätigung eines Nachbarn, daß seine Uhr seit Jahren lief und daß der Händler regelmäßig vorbeikam, sie zu warten. Gleichrangig neben dem Ziel, die Zahl der verkauften Uhren zu erhöhen, stand bei den wandernden Händlern die Notwendigkeit, Spesen zu minimieren. Eine kleine Reparatur sicherte zumindest das Nachtlager, und wenn auch die Rate einmal nicht bezahlt werden konnte, zum Mittagessen wurde der

Händler allemal eingeladen, zumal er so spannend zu erzählen wußte von den Ereignissen des Nachbardorfes wie von der großen weiten Welt. Noch 1850 klagte die Uhrmacherschule Furtwangen darüber, daß viele ihrer "Zöglinge" nur die Reparatur der Taschenuhren lernen wollten, um diese Kenntnisse dann beim Uhrenhandel als Zusatzqualifikation zu verwerten.

Um 1850 verklangen allmählich die Kaufrufe auf den Straßen und Plätzen der Städte, während die Versorgung der ländlichen Gebiete noch andauerte. Immer mehr Uhren wurden jetzt über Großhändler in Ladengeschäften verkauft, bald auch durch reisende Kaufleute der Uhrenfabriken. Blechfiguren in Schwarzwälder Tracht dienten in den Schaufenstern als Hinweis, daß diese Uhren zum Verkauf standen. Der Vorsitzende des Furtwanger Gewerbevereins klagte 1871, daß seine im Ausland lebenden Landsleute "nicht mehr ziehen wollen", aus ambulanten Händlern wurden allmählich ortsansässige Uhrmacher und Inhaber von Fachgeschäften. Als sich im Jahre 1900 ein Schwarzwälder zur Ruhe setzte, der als "fliegender Uhrenhändler" mit seinem Pferdewagen den Kreis Teltow bei Berlin versorgt hatte, wurde dieses Ereignis in der Fachpresse als Ausklang des klassischen Uhrenhandels ausführlich gewürdigt.

Zum Transport verpackt, 19. Jh. – Privat

47

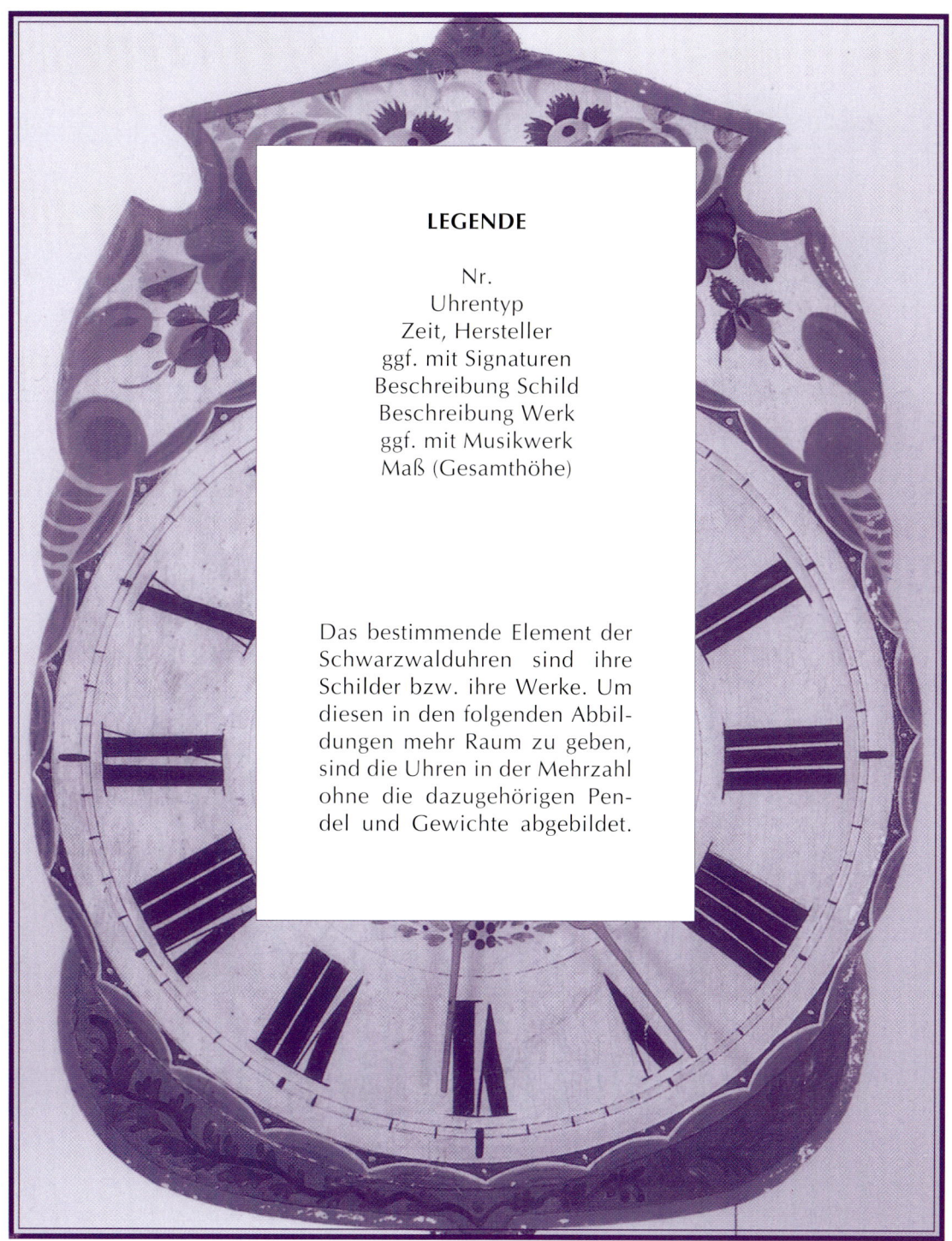

LEGENDE

Nr.
Uhrentyp
Zeit, Hersteller
ggf. mit Signaturen
Beschreibung Schild
Beschreibung Werk
ggf. mit Musikwerk
Maß (Gesamthöhe)

Das bestimmende Element der Schwarzwalduhren sind ihre Schilder bzw. ihre Werke. Um diesen in den folgenden Abbildungen mehr Raum zu geben, sind die Uhren in der Mehrzahl ohne die dazugehörigen Pendel und Gewichte abgebildet.

Nr. 1
Eisenräderuhr
ca. Mitte 17. Jahrhundert
Bemaltes Eisenzifferblatt
mit Stundenanzeige und Weckerscheibe
mit Balkenwaag und Gewichtsantrieb
Weckerschlag auf Glocke
(Glocke und Glockenstuhl fehlen)
Höhe 46 cm

Nr. 1
Eisenräderuhr
Blick in das Uhrwerk

Inszenierung in der Ausstellung: "Uhrengewerbshäusle"

Blick in die Ausstellung:
Uhrenmännchen und Stockuhren mit Automatenfiguren

HOLZRÄDERUHREN

BALKENWAAG, KURZES VORDERPENDEL, LANGES HINTERPENDEL

Wann die genauen Anfänge der Uhrmacherei auf dem Schwarzwald waren, wissen wir nicht mehr. Vermutet wird eine Zeit in der zweiten Hälfte des 17. Jahrhunderts. Daß außerhalb des Schwarzwaldes, am nördlichen Alpenrand oder im fränkisch-böhmischen Raum schon lange hölzerne Uhren gebaut wurden, ist bekannt. So liegt es nahe, daß über ambulante Händler eine hölzerne Uhr den Schwarzwald erreichte.

Der häufige Umgang mit dem vertrauten Werkstoff Holz mußte den Holzhandwerkern bestimmt einen starken Anreiz gegeben haben, ein solches Uhrenvorbild nachzubauen, weil sie eben mit Holz am besten umgehen konnten. Was eine Uhr an sich war, konnte man ja unschwer an eisernen Uhren in Kirchen, Rathäusern oder in den Münstern von Villingen, Freiburg oder Straßburg beobachten. Es genügte also, sich mit einer Drehbank und wenig Werkzeug an den Nachbau zu wagen.

Wie wir uns die ersten Werke vorstellen könnten, zeigt eine Nachbildung, die ab etwa 1860 den Touristen im Schwarzwald angeboten wird.

Das Werk bestand aus einem nach vorn stehenden rechteckigen Rahmen, wobei die nach oben verlängerte rückwärtige Platine zugleich die Rückwand der Uhr darstellte, an der die Uhr auch aufgehängt wurde. Im Rahmen saßen von unten nach oben das Bodenrad mit der angesetzten Schnurrille, das Zwischenrad und das Steigrad mit geraden Stiften, vor denen die Spindelachse mit dem Waagbalken hing. Vor dem Rahmen saß als viertes Rad das Stundenrad mit dem Stundenzeiger, das über einen offenen Trieb vom Bodenrad aus ange-

Nachbau der angeblich ersten Schwarzwalduhr. – Privat

trieben wurde und sich in zwölf Stunden einmal drehte.

Einen wirklichen Nachweis der frühesten bekannten Schwarzwalduhren zeigt eine Uhr des Badischen Landesmuseums aus der ehemaligen Sammlung Oskar Spiegelhalder. Berthold Schaaf hat drei Uhren mit den gemeinsamen Initialen JS aus dem Franziskaner-Museum Villingen-Schwenningen (1706), der gezeigten Uhr des Badischen Landesmuseums Karlsruhe mit einer weiteren Uhr des gleichen Erbauers von 1746 (Deutsches Museum München) verglichen. Daraus ergab sich für ihn die Datierung dieser Karlsruher Uhr auf 1720. (Berthold Schaaf: "Holzräderuhren").

Erstere Uhr zeigt sich noch in offener Bauweise mit vorgesetztem Schild. Sie ist als die älteste bekannte Uhr des Schwarzwaldes anzusehen. Die Uhr von 1720 ist in der Weiterentwicklung in ein Gehäuse eingebaut und stellt somit die älteste Kastenuhr dar. Beide Uhren besitzen schon die Einrichtung eines Stundenweckers, wobei die Uhr von 1706 für die frühen Morgenstunden noch Weckzeiten für halbe Stunden vorsieht.

Die Werkansicht der Uhr des Badischen Landesmuseums von 1720 (s.S. 56) zeigt den typischen Aufbau dieser Waaguhren: Bodenrad oder Schnurrad, Zwischenrad, Steigrad mit geraden Stiften , darüber der hölzerne Waagbalken an der aufgehängten Spindelwelle. Hinter dem Gehwerk läuft das Weckerwerk, dessen Glocke an einem Glockenstuhl über der Gehäusedecke befestigt ist.

Weiter werden nun Holzräderuhren aus der Spiegelhaldersammlung gezeigt, die nach heutigen Erkenntnissen nicht mehr dem Schwarzwald zugeordnet werden können. Herausragend ist hier eine Radwaaguhr aus dem Salzburger Raum, signiert JL Nr. 123, 1804 (Joseph Laserer, Gosau). Der Waagbalken wird hier durch ein Holzrad ersetzt und besonders in Schweizer Gebieten noch mit einem Bleirand beschwert. Die Hin- und Herschwingung soll durch das Rad gleichmäßiger

ablaufen. Weitere Uhren stammen aus den Bereichen Franken, Bayerischer Wald, Oberösterreich und Schweiz.

Ab Mitte des 18. Jahrhunderts hält eine Neuerung des Spindelsystems in den Uhrenbau Einzug. Sie sollte die Ganggenauigkeit der Uhren verbessern. Das Steigrad, das nun keine Stifte mehr, sondern schräggeschnittene Holzzähne hat, wird horizontal auf dem Werkdach angebracht. Anstelle des Waagbalkens wird ein kurzes Pendel direkt mit der jetzt liegenden Spindelwelle verbunden und durch eine kleine Öffnung im Zifferblatt nach vorn geführt. Da das Pendel nun weit ausschwingt, werden die Uhren in Österreich bis heute "Zappler" genannt. Bekannte Benennungen im Schwarzwald waren "Schwung- oder Perpendikeluhren", dann "Kurzschwanzuhren" und in diesem Jahrhundert sehr bildhaft "Kuhschwanzpendel". In wenigen Fällen, wohl um den Anblick des lebhaften, kurzen Vorderpendels zu vermeiden, wird es auch als kurzes Hinterpendel montiert.

Diese Position des Pendels nach hinten festigt sich jetzt in der Einführung des Ankerganges ab etwa 1760 bei den Holzuhren, wobei natürlich noch über Jahrzehnte das Waagsystem und der neue Ankergang nebeneinander herlaufen. Alle Räder, samt dem schräg gezahnten Steigrad, bleiben aus Holz, und die fein gedrechselte hölzerne Ankerwelle mit dem nun eingeführten "Schwarzwälder Blechanker" liegt auf dem Werkdach. Geh- und Schlagwerk liegen hintereinander, und um dem Pendel hinter der Rückwand Platz zu verschaffen, werden kleine Stollen gegen die Wand gestellt. Es bildet sich die sogenannte "Stollenuhr".

Das hölzerne Steigrad wird bald durch ein holzgespindeltes Messingrad ersetzt, bis schließlich alle Geh- und Schlagwerkräder holzgespindelt sind. Nur noch Zeigerräder, Schloßscheibe, Fallen und Ankerwelle bestehen aus massivem Holz. Um 1800 treffen wir diese "halbhölzerne" Uhr immer häufiger an.

Nr. 2
**Holzräder-
Waaguhr**
älteste
Schwarzwalduhr
im Kasten
um 1720
Initialen "J.S."
Papierzifferblatt
von "1803" (dat.)
Gehwerk mit
Balkenwaag,
Weckerwerk
Höhe 32 cm

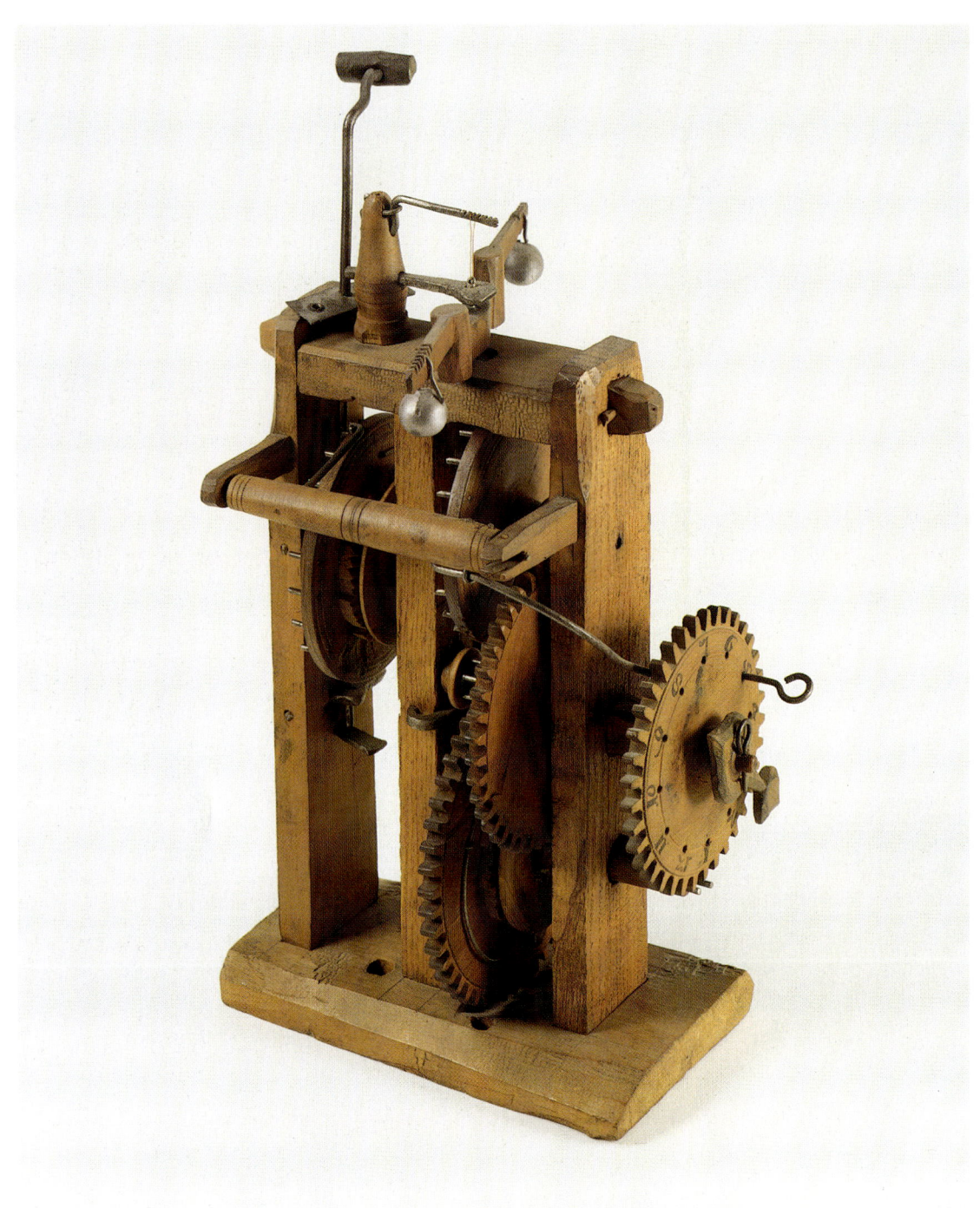

Nr. 2
Holzräder-Waaguhr
Werkansicht

Nr. 3
Holzräder-Waaguhr. Von "1731" (dat.)
Bemaltes Holzzifferblatt, mit getrennter Viertel- und Stundenanzeige sowie Weckerscheibe
Holzzeigerwerk mit Waag und Stundenschlag auf Glocke (fehlt), Geh- und Schlagwerk hintereinander angeordnet
Höhe 30 cm

Nr. 4
Holzräderuhr
Mitte 18. Jahrhundert
Frühe Rahmenuhr mit handgemaltem Hinterglasbild
und Zifferblatt: Innerer Minutenring, äußerer Stunden-
ring, Gehwerk mit Spindelgang und kurzem Vorder-
pendel, Stundenschlagwerk auf große Glasglocke
Höhe 35 cm

Nr. 5
Holzräderuhr
Mitte 18. Jahrhundert
Frühe Rahmenuhr mit koloriertem Kupferstich
hinter Glas
Gehwerk mit Spindelgang und kurzem Vorderpendel
Stundenschlagwerk auf Glasglocke
Höhe 32 cm

Nr. 6
Holzräderuhr
Mitte 18. Jahrhundert
Roh bemaltes Rundschild mit kleinem Barockaufsatz
Stundenanzeiger
Gehwerk mit Spindelgang und kurzem Vorderpendel
Weckerwerk mit Glasglocke
Höhe 28 cm

Nr. 7
Holzräderuhr
Mitte 18. Jahrhundert
Glasschild in barocker Form, hinterlegter kolorierter
Kupferstich, Zifferblätter von Hand hintermalt
Gehwerk mit Spindelhemmung und kurzem
Vorderpendel, Stundenschlagwerk auf Glasglocke (fehlt)
Höhe 35 cm

Nr. 8
Holzräder-Waaguhr
Joseph Laserer
Gosau (Salzburg)
sign. "J.L. Nr. 123, 1804"
Roh bemaltes Holzschild
2 getrennte Zifferblätter
für Stunden und Viertel-
stundenanzeige
Gehwerk mit Radwaag
Stundenschlagwerk
und Weckerwerk
Höhe 29 cm

Nr. 9
Holzräderwerk
Mitte 18. Jahrhundert
Gehwerk mit Spindelgang
und kurzem Hinterpendel
Stundenschlagwerk,
Weckerwerk
Höhe 30 cm

Nr. 10
Holzräderwerk
2. Hälfte
18. Jahrhundert
Gehwerk
Spindelgang
mit doppeltem
Vorderpendel
Stundenschlag
auf Glasglocke
Höhe 31 cm

Nr. 11
Holzräderuhr mit frühem Lackschild
2. Hälfte 18. Jahrhundert
Im Bogen: Personendarstellung
kleine Rosen in den Ecken, Goldrand
Gehwerk mit Ankergang und langem Hinterpendel
Stundenschlagwerk und Weckwerk auf Glocke
Höhe 37 cm

Nr. 12
Holzräderuhr mit frühem Lackschild
2. Hälfte 18. Jahrhundert
Im Bogen: Personendarstellung
kleine Rosen in den Ecken, Goldrand
Gehwerk mit Spindelgang und kurzem Vorderpendel
Stundenschlagwerk auf zwei Glocken
Höhe 34 cm

Nr. 13
Hölzernes Surrer-Werk
1. Hälfte 19. Jahrhundert
Holzgespindeltes Gehwerk mit Ankergang
langes Hinterpendel
Surrerwerk auf Glocke
Höhe 21 cm

LANGPENDELUHREN

LACKSCHILD, STUCKSCHILD

Über die Uhrmacher aus der Anfangszeit der Schwarzwälder Uhrmacherei wissen wir, daß sie ihr Produkt in allen Teilen selbst gefertigt hatten. Mit Beginn der gewerbsmäßigen Uhrenfertigung zeichnen sich jedoch schon erste Bemühungen um eine Arbeitsteilung ab. Mit steigendem Absatz war der Uhrmacher zur Herstellung von mehr Uhren gezwungen. Die Beengtheit der Räumlichkeiten im Uhrmacherhaus ließ keine personelle Erweiterung zu, sondern zwang dazu, Zuarbeiter zu finden, die einzelne Teilarbeiten verrichteten, die mehr "Mühe als Kunst erforderten", wie Steyrer es 1796 in seiner Schrift über die Schwarzwälder Uhrmacherei nannte.

Sichtbarste Neuerung mit der Einführung des Ankerganges und dem langen Pendel war die Neugestaltung der Vorderfront der Uhr. Ein quadratisches Holzschild mit aufgesetztem Halbbogen und neuer Bemalung löste das bisherige schmale, hochgezogene Holzschild ab. Nachdem Stunden- und Minutenzeiger durch neue Anordnung der Zeigerräder übereinander gesetzt werden konnten, wurde eine größere Darstellung des Zeigerbildes möglich. Der aufgesetzte Halbbogen sollte die dahinterstehende Bronzeglocke verdecken.

Um ca. 1780 hatte sich das Lackschild als das meist gefertigte Uhrenschild durchgesetzt und sollte es so für die nächsten hundert Jahre in kaum abgewandelter Form bleiben. Bezeichnenderweise geht die Entwicklung zu dieser Schildform, wie H. Kahlert herausfand, mit ähnlichen Schildentwicklungen in Frankreich und England einher. Aus Frankreich kennt man seit etwa 1770 bei der Comtoise-Uhr das weiße, gewölbte Emailzifferblatt mit schwar-

zen, meist römischen Ziffern, während in England ebenfalls um 1770 das „white dial" als Lackaufzug auf Holz erscheint.

Es erscheinen die beiden neuen Berufe des Schildermachers und des Schildermalers. Der Schildermacher vereint eigentlich zwei Arbeitspraktiken in sich. Einmal spaltet er, als Schildbrettmacher, das Schild aus Tannen- bzw. Fichtenholz und gibt ihm die bekannte typische Quadratform, wobei er nach oben und unten zwei gleiche Bögen stehen läßt, um dann als Schilderdreher den bekannten Ziffernwulst oder eine gleichmäßige Wölbung für den Ziffernkranz abzudrechseln. Nun glättet er noch auf der großen Schilddrehbank das ganze Schild und sägt zum Schluß den unteren Halbbogen ab.

Zur Festigung des Schildholzes tränkt der Schildermaler dieses dann in Leimwasser. Anschließend wird mehrfach gepulverte Kreide mit Leimwasser angerührt, aufgetragen und nach dem Trocknen immer wieder glattgeschliffen. Darauf folgen ein mehrmaliger Überzug von Kremserweiß (Bleiweiß) und weitere Schleifvorgänge mit Bimsstein.

Jetzt beginnt die Bemalung des Schildes. Die Zifferblattgestaltung wird mit Schablonen und Zirkel vorgenommen. Die Farben werden frei und mit viel Geschick aufgetragen.

Nach der Trocknung wird ein Firniß, in Spiritus gelöst, aufgebracht, wobei man Balsam zusetzt, damit hinterher keine Sprünge auftreten können. Nach einem weiteren Überschleifen des getrockneten Firnisses folgt die abschließende Politur mit reinem Leinöl, die dann endlich den Eindruck von einem Lackschild hervorruft.

Beliebteste und bekannteste Schildbemalung sind wohl große Rosensträuße im Bogen, die von kleineren Rosendarstellungen in den vier Ecken ergänzt werden. Mit Liebe zur Geometrie und zu reinen Farbverbindungen wird der Schildaufbau außerhalb des Ziffernringes weitergestaltet. Besonders französische Abnehmer bevorzugten diese bunten Flächendekkungen. Um eine besondere Wirkung mit glänzenden Farben zu erreichen, überstrich man den Kreidegrund mit einer dünnen Wismutschicht, deren grauer Metallton nun durch die Farben durchschien und damit einen sogenannten "Metallicton" erzeugte.

Dem Vorbild der schönen Wiener Portaluhren des ausgehenden Empire folgend, versuchten die Schwarzwälder Schildermaler das wesentliche Element dieser Uhren, die Säulen, auf die Lackschilder zu übertragen. Besonders reizvoll wurden die Abbildungen in der Zeit des Biedermeier, wenn die Säulen mit Rosengirlanden geschmückt und, im Zusammenspiel mit der Antikenverehrung, mit reizvollen Kapitellen versehen waren.

Einen wichtigen Einblick in die Welt des gebildeten Bürgertums, Anfang des 19. Jahrhunderts, zeigen die Biedermeierdarstellungen in den Schildbögen. Die Menschen erscheinen hier in ihrer zeitgenössischen Mode, in ihrer Liebe zur Natur, beim Tee und im Bereich der Hausmusik, angelehnt an die romantische Musikepoche.

Verehrung der Landesherren oder großer politischer Persönlichkeiten zeigen sich im Halbbogen entsprechend des jeweiligen geschichtlichen Zeitabschnittes. Besonders hervorgehoben erscheint u.a. der frühere badische Landesherr, Markgraf Ludwig Wilhelm, der "Türkenlouis", im Gewande eines türkischen Generals zu Pferde. Napoleon, Louis Philippe, der König von Preußen und Symbole des Königtums runden diesen Themenkreis ab.

Die Darstellung bäuerlicher und handwerklicher Berufe bezeugt die wichtigste Adressatengruppe unter den Abnehmern dieser Uhren. Mit der Erfindung des Stahlstichs und dessen Umsetzung als Abziehbild werden diese vom Schildermaler als kolorierte Ansichten aufgetragen. Daneben werden weiterhin in freier Malweise phantasievolle Orts- und Landschaftsdarstellungen gefertigt.

In Erinnerung an barocke Schnitzkunst auf besonderen Holzschildern versucht man nun durch eine neue zeitsparende Methode mit aufgesetzten Gipsabdrücken eine erhabene Schildgestaltung zu erreichen. Überdeckt wird alles mit polychromer Bemalung und der Verwendung vergoldeter Randteile. Gerade mit dieser Form der Schildgestaltung wird der Versuch erkennbar, dem Bürgertum des Biedermeier eine attraktive Uhr für ihre Räume anzubieten. Dem Zeitgeist der Antikenschwärmerei folgend werden historische Inhalte in Bildern umgesetzt.

Um den Export der Uhren nach Frankreich zu fördern, dienen die Schilder der Comtoise-Uhren als Vorbild. Dabei werden sogar originale Comtoise-Schilder vor Schwarzwaldwerke gesetzt. Parallel dazu werden Abgüsse von diesen Originalschildern in Stuckmanier auf Holzschildern angebracht und koloriert. Die Zifferblätter dazu sind nach wie vor im Lackschildverfahren gestaltet und wie die Comtoise-Schilder rein weiß gehalten.

Beim Betrachten der Schilder mit ovaler Form wird man spontan an die Ansicht eines barokken Hausgiebels erinnert, der über ein großes Zifferblatt gesetzt ist. Es fällt auf, daß diese Schilder besonders gut und phantasievoll bemalt sind.

Aus einem Vorlagenbuch, um 1820. – BLM

Nr. 14
Lackschilduhr
Mitte 19. Jahrhundert
Werk sign. "Gedeon Dufner"
Blumenbemalung, Wismutmalerei
Achttage-Uhr, holzgespindeltes Geh- und Schlagwerk
Halbstundenschlagwerk auf Glocke
Höhe 36 cm

Nr. 15
Lackschilduhr (Stollenuhr)
1. Hälfte 19. Jahrhundert
Werk sign. "Willmann, Bubenbach"
Im Bogen Bemalung: Blumenkorb
holzgespindeltes Geh- und Schlagwerk
Weckerwerk
Halbstundenschlagwerk auf Glocke
Höhe 42 cm

Nr. 16
Lackschilduhr
Mitte 19. Jahrhundert
Schild sign. "Scherzinger"
Werk sign. "Wilhelm Winterhalder"
Achttage-Uhr, holzgespindeltes Geh-
und Schlagwerk, Halbstundenschlag-
werk auf Glocke
Höhe 36 cm

Nr. 17
Lackschilduhr
Mitte 19. Jahrhundert
Im Bogen und in den Ecken
Apfelrosenbemalung
Achttagewerk, holzgespindeltes
Messingräderwerk mit Ankergang
und Halbstundenschlag auf Glocke
Höhe 35 cm

Nr. 18
Lackschilduhr. 1. Hälfte 19. Jahrhundert
Werk sign. "Joseph Eschle", Furtwangen. Im Bogen: Blumenbemalung
Achttage-Uhr, holzgespindeltes Geh- und Schlagwerk, Stundenschlag auf Glocke
Höhe 39 cm

Nr. 19.
Lackschilduhr
Schild sign. "Dufner", Werk sign. "Fidel?, Lenzkirch". Im Bogen: Blumenbemalung
Achttage-Uhr, holzgespindeltes Geh- und Schlagwerk, Halbstundenschlagwerk auf Tonfeder
Höhe 36 cm

Nr. 20
Lackschilduhr
1. Hälfte 19. Jahrhundert
sign. "Max Kammerer", Furtwangen
Säulenbemalung
Achttage-Uhr, holzgespindeltes Geh-
und Schlagwerk, Halbstundenschlagwerk auf Tonfeder
Höhe 36 cm

Nr. 21
Lackschilduhr
Mitte 19. Jahrhundert
sign. "Nothburg Eschle, Furtwangen"
Säulenbemalung
Achttage-Uhr, holzgespindeltes Geh-
und Schlagwerk, Halbstundenschlag-
werk auf Glocke
Höhe 36 cm

Nr. 22
Lackschilduhr für den französischen Markt. 1. Hälfte 19. Jahrhundert
sign. "Gedeon Dufner", Furtwangen, Händlersignatur "Michel Ketterer à Blois"
Säulenbemalung, Blumenkorb, Achttage-Uhr, holzgespindeltes Geh- und Schlagwerk
Halbstundenschlagwerk auf Tonfeder
Höhe 36 cm

Nr. 23
Lackschilduhr (Stollenuhr). 1. Hälfte 19. Jahrhundert
Schild mit Rosenbemalung und arabischen Ziffern. Holzgespindeltes
Gehwerk mit Ankergang. Schnuraufzug, Schlagwerk auf Tonfeder
Höhe 32 cm

Nr. 24
Lackschilduhr (Stollenuhr). Mitte 19. Jahrhundert
Barockes Schild mit Obst-Bemalung, holzgespindeltes Geh- und Schlagwerk
Halbstundenschlagwerk auf Glocke
Höhe 34 cm

Nr. 25
Lackschilduhr. Mitte 19. Jahrhundert. Im Bogen typische Biedermeierszene, gemalt:
Frau serviert einem Mann Kaffee, große Blüten in den Ecken
holzgespindelte Achttage-Uhr mit Ankergang, Halbstundenschlag auf Glocke
Höhe 35 cm

Nr. 26
Lackschilduhr. 1. Hälfte 19. Jahrhundert
sign. "Aloisius?, Schönwald". Im Bogen Bemalung: Biedermeier-Paar im Garten
Achttage-Uhr, holzgespindeltes Geh- und Schlagwerk, Halbstundenschlagwerk auf Glocke
Höhe 34 cm

Nr. 27
Lackschilduhr. 1. Hälfte 19. Jahrhundert
Im Bogen Bemalung: Frau in Empire-Gewand an Tasteninstrument
metallgespindeltes Geh- und Schlagwerk, Halbstundenschlagwerk auf Tonfeder
Höhe 40 cm

Nr. 28
Lackschilduhr für den französischen Markt. Um 1830, sign. "Maria Pfaff"
Im Bogen Bemalung: Bäuerin, Butterfaß und Apfelrosen
holzgespindelte Achttage-Uhr mit Gehwerk und Schlag auf Glocke, Schnuraufzug
Höhe 35 cm

Nr. 29
Lackschilduhr. Mitte 19. Jahrhundert
Im Bogen: Hufschmied bei der Arbeit, farbige Blumen in den Ecken
metallgespindeltes Gehwerk, Schlagwerk auf Glocke
Höhe 31 cm

Nr. 30
Lackschilduhr "Hochzeitsuhr". Mitte 19. Jahrhundert
Im Bogen Bemalung: Darstellung einer Schneflerstube
Stollenwerk mit Halbstundenschlag auf Glocke
Höhe 42 cm

81

Nr. 31
Lackschilduhr "Hochzeitsuhr". Mitte 19. Jahrhundert
Im Bogen Bemalung: Köhlerhütte, in den Ecken Darstellung der Jahreszeiten
holzgespindelte Achttage-Uhr mit Ankergang, Stunden- und Halbstundenschlag auf Tonfeder
Höhe 39 cm

Nr. 32
Lackschilduhr (Stollenuhr). Um 1860
Im Bogen kolorierte Lithographie: Bauer beim Pflügen, in den Ecken Rosen
holzgespindeltes Stollenwerk mit Ankergang, Halbstundenschlag und Wecker auf Glocke
Höhe 31 cm

Nr. 33
Lackschilduhr. Mitte 19. Jahrhundert
Im Bogen handkolorierter Stich: "Geldverleiher"
metallgespindeltes Messingräderwerk mit Kuckucksruf und Schlag auf Tonfeder
Höhe 28 cm

Nr. 34
Lackschilduhr. Um 1840
Im Bogen: Reitermotiv, vermutlich Darstellung des badischen "Türkenlouis"
schlichte Blumenbemalung in den Ecken, holzgespindeltes Geh- und Schlagwerk, Weckerwerk auf Glocke
Höhe 42 cm

Nr. 35
Lackschilduhr. Mitte 19. Jahrhundert
Im Bogen ausgemalte Lithographie: Wohl Kaiserkrone des Hl. Römischen Reiches Deutscher Nation
holzgespindeltes Geh- und Schlagwerk, Weckerwerk, Stundenschlagwerk auf Tonfeder
Höhe 36 cm

Nr. 36
Lackschilduhr. 2. Hälfte 19. Jahrhundert
sign. "Joseph Kuner, Schonach". Im Bogen ausgemalte Lithographie: Französischer Reiter, wohl
Napoleon I., Achttage-Uhr, holzgespindeltes Geh- und Schlagwerk, Halbstundenschlag auf Tonfeder
Höhe 36 cm

Nr. 37
Lackschilduhr
ca. 1830
sign. "Johann Georg Mellert"
Im Bogen Bemalung: "Der Kaiser Napoleon"
Anzeige der Monatstage, Viertelstunden-Schloß-
scheibenschlagwerk auf Tonfedern mit Repetition
auf Anfrage
Höhe 41 cm

Nr. 38
Lackschilduhr
Mitte 19. Jahrhundert
Im Bogen ausgemalte Lithographie:
"Wilhelm IV. König v. Preußen"
Achttage-Uhr, holzgespindelte Messingräder
Stundenschlag auf Tonfeder
Höhe 38 cm

Nr. 39 (rechts)
Lackschilduhr
2. Hälfte 19. Jahrhundert
sign. "Kaltenbach"
Im Bogen ausgemalte Lithographie:
Porträt "Louis Philipe"
Achttage-Uhr, holzgespindeltes Geh- und
Schlagwerk, Halbstundenschlag auf Glocke
Höhe 36 cm

Nr. 40
Lackschilduhr. Mitte 19. Jahrhundert
sign. "Max Kammerer, Furtwangen". Im Bogen Bemalung: Landhaus mit Brunnen
Achttage-Uhr, holzgespindeltes Geh- und Schlagwerk, Halbstundenschlag auf Glocke
Höhe 36 cm

Nr. 41
Lackschilduhr. Mitte 19. Jahrhundert
sign. "Johann Rohrer, Gütenbach". Im Bogen Bemalung: Landhaus, Text auf Schild: "Mercies a contres", Achttage-Uhr, holzgespindeltes Geh- und Schlagwerk, Halbstundenschlagwerk auf Glocke
Höhe 35 cm

Nr. 42
Lackschilduhr. Um 1860
Im Bogen Lithographie: "Eingang in das alte Schloß in Baden"
holzgespindeltes Geh- und Schlagwerk, Stundenschlag auf Tonfeder
Höhe 35 cm

Nr. 43
Lackschilduhr. 1. Hälfte 19. Jahrhundert
Im Bogen ausgemalte Lithographie: Amalienberg bei Gaggenau
holzgespindeltes Geh- und Schlagwerk, Stundenschlagwerk auf Tonfeder
Höhe 35 cm

Nr. 44
Lackschilduhr. 2. Hälfte 19. Jahrhundert
Im Bogen koloriertes Abziehbild "Wallfahrtskapelle in Triberg", in den Ecken Rosenbemalung
metallgespindeltes Gehwerk mit Ankergang, Halbstundenschlag auf Tonfeder
Höhe 30 cm

Nr. 45
Lackschilduhr. Ende 19. Jahrhundert
Im Bogen koloriertes Abziehbild: "Das Theater in Leipzig", in den Ecken Abziehbilder
metallgespindeltes Geh- und Schlagwerk, Halbstundenschlag auf Tonfeder
Höhe 30 cm

Nr. 46
Lackschilduhr. Mitte 19. Jahrhundert
Barockes Schild mit Apfelrosen in Wismutmalerei
messingespindeltes Geh- und Schlagwerk, Stundenschlag auf Tonfeder
Höhe 36 cm

Nr. 47
Lackschilduhr. Mitte 19. Jahrhundert, sign. "Daniel Müller, Furtwangen"
Händlersignatur: "Grieshaber à Melun". Barockes Schild mit Blumenbemalung
Achttage-Uhr, holzgespindeltes Geh- und Schlagwerk, Halbstundenschlag auf Glocke
Höhe 36 cm

Nr. 48
Stuckschilduhr. 1. Hälfte 19. Jahrhundert
sign. "Jean Pfaff", Neustadt. Blumen- und Säulendekoration
holzgespindeltes Geh- und Schlagwerk, Halbstundenschlag auf Tonfeder
Höhe 35 cm

Nr. 49
Stuckschilduhr. 1. Hälfte 19. Jahrhundert, sign. "Johann Rombach"
Im Bogen: Chronos-Motiv
holzgespindeltes Geh- und Schlagwerk, Halbstundenschlagwerk auf Tonfeder
Höhe 33 cm

Nr. 50
Stuckschilduhr für den französischen Markt. 1. Hälfte 19. Jahrhundert, sign. Werk: "Joseph Hummel"
Furtwangen, sign. Schild: "Rombach" in Rothenberg. Im Bogen: Franz. Königswappen (3 Lilien)
Achttage-Uhr, holzgespindeltes Geh- und Schlagwerk, Halbstundenschlag auf Glocke
Höhe 37 cm

Nr. 51
Stuckschilduhr. 1. Hälfte 19. Jahrhundert
Im Bogen: Blumenkorb
Achttage-Uhr, holzgespindeltes Geh- und Schlagwerk, Halbstundenschlag auf Glocke
Höhe 35 cm

101

Nr. 52
Stuckschilduhr
1. Hälfte 19. Jahrhundert
sign. "Johann Pfaff", Neustadt
Im Bogen: Biedermeierpaar
holzgespindeltes Geh- und Schlagwerk
Halbstundenschlag auf Tonfeder
Höhe 32 cm

Nr. 53
Stuckschilduhr
1. Hälfte 19. Jahrhundert
Im Bogen Bemalung: Männerporträt
holzgespindeltes Geh- und Schlagwerk
Halbstundenschlag auf Tonfeder und Glocke,
Wecker auf Glocke
Höhe 38 cm

Nr. 54
Stuckschilduhr. 1. Hälfte 19. Jahrhundert, sign. "Wilhelm Winterhalter", Furtwangen
Im Bogen: Rosenkorb mit Löwenköpfen
Achttage-Uhr, holzgespindeltes Geh- und Schlagwerk, Halbstundenschlag auf Glocke
Höhe 32 cm

Nr. 55
Wanduhr. 1. Hälfte 19. Jahrhundert, sign. "Johann Pfaff, Neustadt"
Geprägtes Messingschild in Art einer Comtoiser-Uhr, bemaltes Zifferblatt aus Holz
holzgespindeltes Geh- und Schlagwerk, Halbstundenschlag auf Tonfeder, Weckerwerk auf Glocke
Höhe 39 cm

Nr. 56
Stuckschilduhr. 2. Hälfte 19. Jahrhundert
Relifiert in Art einer Comtoiser-Uhr: Bäuerliches Paar bei Ernte
Achttagewerk, holzgespindeltes Geh- und Schlagwerk, Stundenschlag auf Tonfeder
Höhe 40 cm

Nr. 57
Stuckschilduhr für den französischen Markt. Nachahmung einer Comtoiser-Uhr. Mitte 19. Jahrhundert
sign. "Max Kammerer", Furtwangen, sign. Schild: "Fidel Hepting". Im Bogen: Drachen mit Palmetten
Achttage-Uhr, holzgespindeltes Geh- und Schlagwerk, Halbstundenschlag auf Tonfeder
Höhe 39 cm

UHREN MIT SCHOTTENWERK

SCHILDER-, RAHMEN-, KASTENUHREN

Während viele Uhren ihren Namen von ihrer äußeren Form, ihrem technischen Aufbau oder ihren Sonderfunktionen ableiten, bildet die Schottenuhr, besser gesagt das Schottenwerk, zusammen mit der Jockele-Uhr und der Sorg-Uhr eine Ausnahme und weist damit eindeutig auf ihren Erstverfertiger und damit ihre Herkunft hin.

Bauer auf dem Schottenhof bei Neustadt war Johann Dilger, gestorben 1780, der sich eine kleine Werkform ausdachte. In Namensableitung eines früheren Besitzers seines Hofes, war Dilger im Sprachgebrauch der Bevölkerung der "Schottenbauer", wodurch sich eben später der Begriff der "Schottenuhr" einbürgerte.

Das Schottenwerk war im wesentlichen eine Verkleinerung der bisherigen Werke der Lackschilduhren. Das Buchenholzgestell war 11 cm hoch, 8–10 cm breit und 8 cm tief. Die unterschiedliche Breite hing von der Anordnung eines Schlagwerkes neben dem Gehwerk ab. Die Gewichte wogen je 500 Gramm, und das Pendel maß etwa 30 cm.

Anfänglich baute man reine Gehwerke, häufiger dann Geh- und Schlagwerke. Je nach Exportland wurden Weckerwerke, Viertelschlag und Datum oder die Sonderform des Surrers zugeordnet. Nach 1850 schließlich erschien das Schottenwerk im Messinggestell, das kleinere Ausmaße hatte und in entsprechend flachere Gehäuse eingesetzt werden konnte. Nach der Bauweise mit Vollplatinen sägte man später aus Gründen der Metallersparnis die Platinen aus. Bald hatte sich die sogenannte Lyraform der Aussägung durchgesetzt.

Die Vorteile der Schottenuhren waren ihr geringer Preis, die Möglichkeit der mannigfachen äußeren Ausstattung und die Varianten ihrer technischen Anlagen.

Nachdem Mitte des 19. Jahrhunderts auch kleine Schotten-Achttageuhren gebaut wurden, berichtete 1852 das Gewerbeblatt für den Schwarzwald, daß die Großherzoglich Badische Uhrmacherschule in Furtwangen die beiden Schottenwerktypen der 24-Stunden- und Achttageuhren als Musteruhren hervorgehoben hatte. Sie ließ für die Uhrmacher des Schwarzwaldes entsprechende Musterwerke und Zeichnungen herstellen.

Anfänglich begann man, den Schottenwerken kleine Lackschilder vorzusetzen, die sich in ihrer Gestaltung den großen Schildern anglichen. Die Verstärkung des Schildes mit einem gedrehten Ziffernring oder einer gesamten Wölbung des Zifferblattes wurde in der zweiten Hälfte des 19. Jahrhunderts aus Gründen der Ersparnis aufgegeben. Von den aufstrebenden Uhrenfabriken wurde eine flache Ausführung angeboten. Bemalte man zunächst die kleinen Schilder mit den typischen Rosen und blumenreichen Eckverzierungen, wollte man dem Bürger der Biedermeierzeit im Schildbogen südliche Landschaften oder stilvolle Gebäude zeigen. Mit dem Aufkommen der Abziehbilder übertrug man zuerst Stiche auf den Bogen, die der Schildermaler mit wenigen Strichen ausmalte. Bald wurden dann farbige Chromlithographien übertragen, die sich den wechselnden Stilarten Ende des 19. Jahrhunderts anpaßten. Weitere Neuerungen in der Schildgestaltung Ende des 19. Jahrhunderts war eine Übertragung kunstvoller Farbbilder auf Blechplatten. Ein Farbdruck auf Papier, vor ein Holzschild geklebt, imitierte den Blick auf eine kleine Bahnhäusleuhr. Weitere Schildarten waren seit Mitte des 19. Jahrhunderts die Porzellanschilder aus Zell a.H. oder Schramberg. Sie wurden in verschieden gestalteten Rechteckformen koloriert oder der beliebten barocken "Tropfenform" dem Schottenwerk vorgesetzt.

Ab 1830 drohte der Schwarzwälder Uhrmacherei ein Niedergang, der verschiedene Ursachen hatte. Es fehlte eine Berufsorganisation, die die Arbeiten ihrer Mitglieder überwachte. Eine Festlegung und Überprüfung von Ausbildungsgängen war nicht vorhanden, Meisterarbeiten wurden nicht verlangt.

1847 gelang es Romulus Kreuzer, Schildermaler und Wirt in Schönenbach bei Furtwangen, die Uhrmacher der Ämter Triberg und Neustadt zu versammeln. Ziel des Treffens

sollte sein, den "Gewerbs-Verein für den Uhren machenden Schwarzwald" zu gründen, was auch gelang.

1850 endlich wurde die "Großherzoglich Badische Uhrmacherschule" in Furtwangen eröffnet. Aufrufe um Vorschläge zu neuer Uhrengestaltung ergingen an "vaterländische Künstler". Vornehm sollte die Uhr wirken und kein "ungeschicktes, geschmackloses Holzwerk" (Meitzen) mehr sein. Entsprechend wurden Uhren völlig neu gestaltet: die Rahmen- und die Kastenuhr entstanden. Eleganten Edelholzgehäusen wurden rechteckige oder ovale schwarzpolierte Rahmen mit einer Glastür vorgesetzt. Auf dem Schild konnte man freie Malerei oder ein farbiges Abziehbild hinter Glas sehen. Blechschilder wurden ebenfalls bemalt oder farbig bedruckt. Das Zifferblatt, außer bei den Hinterglasschildern, war immer emailliert und mit einem Messingreif umgeben. Die Bilder im Rahmen waren mit Goldleisten umrandet. Die häufigsten und billigsten Schilder waren gepreßte Messingbleche mit Motiven aus vielen Lebensbereichen.

Im Gegensatz zur Rahmenuhr, bei der der Rahmen den Werkkasten weit überragt, bildet sich die Kastenuhr aus, deren äußere Form den Umrissen des Schildes bis zum Giebel folgt. Die Grundidee gab der Karlsruher Hofrat Friedrich Eisenlohr. Er schlug vor, seinen Entwurf des "Bahnwärterhäusle" für die Badische Staatsbahn auf die neuen Uhrenkästen zu übertragen. Diese Uhren aus der Grundform einer Hausfassade mit Giebelaufsatz wurden von nun an "Bahnhäusleuhren" genannt. Ihr Erscheinungsbild wandelte sich in kurzer Zeit zu einer Vielzahl von verschiedensten Formen. Es ergaben sich auch hier die bekannten Varianten der Rahmenuhr. Ab etwa 1870 wurden Uhren mit Halbsäulen aus Porzellan mit dachförmigem Aufsatz und Unterteil angeboten. Heute werden diese damaligen "Säulenuhren" gerne "Biedermeieruhren" genannt. Erfolgreichster Typ war zweifelsfrei der "Bahnhäusle-Kuckuck". Bis heute hat sich die mit geschnitztem Rankenwerk geschmückte Uhr fast unverändert erhalten.

Uhrengewichte aus Glas und Ton. – Privat

Nr. 58
Schottenuhr mit Stuckschild
Mitte 19. Jahrhundert
Barockes Rundschild
koloriert, Goldrand
holzgespindeltes Gehwerk
mit Ankergang und kurzem
Hinterpendel
Weckerwerk auf Glocke
Höhe 22 cm

Nr. 59
Kleine Lackschilduhr
Mitte 19. Jahrhundert
Im Bogen Bemalung: Blumenkorb
holzgespindeltes Gehwerk, Weckerwerk
Schnurzug
Höhe 16 cm

Nr. 60
Kleine Lackschilduhr
für den spanischen Markt
Mitte 19. Jahrhundert
sign. "Humel"
Im Bogen ausgemalte Lithographie:
Putto mit Meerschaumpfeife und Bierglas
metallgespindeltes Gehwerk, Weckerwerk
Höhe 19 cm

Nr. 61
Kleine Achttage-Uhr
für den russischen Markt
Mitte 19. Jahrhundert
sign. "J. Keiser in Rudenberg"
Schwarzes Lackschild mit
Messingapplikationen u.a. Putto
holzgespindeltes Geh- und Schlagwerk
Halbstundenschlag auf Tonfeder
Höhe 24 cm

111

Nr. 62
Schottenuhr für den osteuropäischen Markt. Mitte 19. Jahrhundert
Geprägtes bemaltes Messingblech mit Emaillefarbe
metallgespindeltes Gehwerk, Weckerwerk mit Glocke
Höhe 18 cm

Nr. 63
Sorguhr. Mitte 19. Jahrhundert
Geprägtes Messingblech: Putto auf Löwe
holzgespindeltes Geh- und Schlagwerk, Weckerwerk, Stundenschlag und Wecker auf Glocke
Höhe 12 cm

Nr. 64
Schottenuhr
Mitte 19. Jahrhundert
Porzellan-Tropfenform
Im Bogen: Blumenbemalung
metallgespindeltes Geh- und Schlagwerk
Halbstundenschlag auf Tonfeder
Höhe 18 cm

Nr. 65
Schottenuhr
Mitte 19. Jahrhundert
Porzellan-Tropfenform
Im Bogen Bemalung: Knabe mit Hund
metallgespindeltes Geh- und Schlagwerk
Stundenschlag auf Glocke
Höhe 18 cm

Nr. 66
Schottenuhr
Mitte 19. Jh.
Porzellan-Tropfen-
form. Im Bogen:
Frau und Kind
sitzend in länd-
licher Szenerie
metallgespin-
deltes Geh- und
Schlagwerk
Halbstundenschlag
auf Tonfeder
Höhe 18 cm

Nr. 67
Schottenuhr
Mitte 19. Jahrhundert
Öl auf Blech, ausgemalter Druck:
Bauersleute vor Hof
metallgespindeltes Geh- und Schlagwerk
Stundenschlag auf Tonfeder
Höhe 23 cm

Nr. 68
Schottenuhr
Mitte 19. Jahrhundert
Öl auf Blech, ausgemalter Druck:
Landschaft mit Mühlrad
metallgespindeltes Geh- und Schlagwerk
Weckerwerk mit Glocke, Stundenschlag auf Tonfeder
Höhe 22 cm

Nr. 69
Schottenuhr
farbig bedrucktes Blechschild:
Frauen mit Kindern in ländlicher Szenerie
Emaillezifferblatt
metallgespindeltes Gehwerk
Halbstundenschlag auf Tonfeder
Höhe 22 cm

117

Nr. 70
Jockele in Rahmenuhr
Mitte 19. Jahrhundert
Bemaltes Blechquadrat mit
Messingapplikationen auf dem Rahmen
metallgespindeltes Geh- und Schlagwerk
Stundenschlag auf Tonfeder
Höhe 21 cm

Nr. 71
Wanduhr als Bahnhäusle-Nachbildung. Ende 19. Jahrhundert. Bedrucktes Papier: Reblaub und spielende Kinder metallgespindeltes Geh- und Schlagwerk, Halbstundenschlag auf Tonfeder. Höhe 37 cm

Nr. 72
Rahmenuhr. 2. Hälfte 19. Jahrhundert
Öl auf Zinkblech: Landschaft mit Berg, Stadt und Fluß, vermutlich Heidelberg
Emaillezifferblatt, Geh- und Schlagwerk über 2 Federhäuser
Messingplatine in Lyraform, Stundenschlag auf Tonfeder
Höhe 37 cm

Nr. 73
Rahmenuhr. 2. Hälfte 19. Jahrhundert
Öl auf Zinkblech: Toblacher See
massive Messingplatinen, sign. 3922, feststehende Federhäuser
Halbstundenschlag auf Tonfeder
Höhe 33 cm

Nr. 74
Rahmenuhr mit Augenwenderautomat
Mitte 19. Jahrhundert
Öl auf Blech: Hl. Kind mit Engeln
metallgespindeltes Geh- und Schlagwerk
Stundenschlag auf Tonfeder
Höhe 32 cm

Nr. 75
Rahmenuhr
2. Hälfte 19. Jahrhundert
Ausgemalte Lithographie: Christus mit flammendem Herz
metallgespindeltes Geh- und Schlagwerk
Stundenschlag auf Tonfeder
Höhe 36 cm

Nr. 76
Rahmenuhr. Mitte 19. Jahrhundert
Öl auf Blech: Betende Alte
flaches quadratisches Werk mit Federzug und Holzplatinen
Stundenschlag auf Tonfeder
Höhe 27 cm

Nr. 77
Rahmenuhr mit Augenwenderautomat
Mitte 19. Jahrhundert
Öl auf Blech: Hund
metallgespindeltes Geh- und Schlagwerk
Stundenschlag auf Tonfeder
Höhe 32 cm

KLEINE WANDUHREN

JOCKELE- UND SORGUHREN

Mit der Entwicklung des Lackschildes Ende des 18. Jahrhunderts festigte sich eine Werkgröße, die eine Höhe bis 20 cm aufwies. Als Stollenuhr ergab sich damit eine große Tiefe, und die Uhr stand weit von der Wand ab. Vielleicht war dies ein Grund, es mit Verkleinerungen dieser Stollenuhren zu versuchen, ohne das Grundbauprinzip des Vorbildes zu ändern. Bessere und genauere Werkzeuge waren entwickelt worden, die dem Uhrmacher halfen, jetzt viel präziser zu arbeiten. M.F. Jäck aus Triberg und Pfarrer Vincenz Zahn aus Hinterzarten berichten übereinstimmend von Jakob Herbstreit, dem 1790 eine Werkverkleinerung gelungen sei, die schon bald bei den Uhrmachern der Umgebung von Neustadt auf großes Interesse stieß. Jakob Herbstreit (1763 – 1845) lebte bis 1800 in Eisenbach, dann in Hinterzarten und ab 1830 wieder in Eisenbach (B. Schaaf). Wie stark die Erinnerung an ihn in der Bevölkerung war, zeigt die Übernahme seines Vornamens auf den Uhrentyp selbst. Weil sein Vater auch schon Jakob hieß, gab man ihm als Beinamen "Jockelesjockele" oder "Zweimaljockele". Schließlich bürgerte sich für die Uhr der heute übliche Begriff "Jockele" ein. Ein Jockelewerk hatte bis Ende des 19. Jahrhunderts die kaum veränderten Maße von 8 cm Höhe, 6 cm Breite und, je nach Anzahl der Werke, bis 6 cm Tiefe. Die Werkgattungen entsprachen denen der größeren Uhren samt Schloßscheibenschlagwerk. Folgende Jockelewerke wurden gebaut: Gehwerk, Gehwerk-Wecker, Gehwerk-Schlagwerk, Gehwerk-Kuckuckswerk, Gehwerk-Schlagwerk-Weckerwerk. Abb. 78 und Abb. 88 zeigen zwei Uhren, de-

ren Werkaufbau die Erstform des Jockele gewesen sein könnte. Signierte Uhren von Jakob Herbstreit sind leider nicht bekannt. So können wir nur vermuten, daß Herbstreit zu Anfang versuchte, die Stollenuhr korrekt in kleinerem Maßstab nachzubilden. Dies zeigt sich vor allem im Werken, die mit Pfeilern und nach vorn und hinten herausnehmbaren Stabplatinen aufgebaut sind.

Wohl ab dem 2. Drittel des 19. Jahrhunderts erfuhren die Jockeleuhren eine Aufbauveränderung im Gestell, die dann durchgehend beibehalten wurde. Der Bau mit Pfeilern und

Blick hinter eine Rahmenuhr: Jockele Uhrwerk. – BLM

125

Stabplatinen wurde zugunsten von Vollplatinen aufgegeben. Mit kleinen Rollen und Zapfen wurden, je nach Anzahl der Werke, drei oder vier Vollplatinen hintereinandergesteckt und mit Eisenstiften befestigt. Das Pendel schwang aus dem letzten Fach heraus. Das Stecksystem ohne Verklebungen war nötig, um die Uhr bei Reparaturen zu zerlegen.

Waren die frühen Uhren teilweise noch holzgespindelt und mit Schnurzug versehen, trifft man ab der Mitte des 19. Jahrhunderts nur noch metallgespindelte Werke an.

Die Art der Schildgestaltung verlief in etwa parallel zu der der Großuhren, wobei geprägte Messingschilder mit einem Emaillezifferblatt häufiger als Lackschilder anzutreffen waren. Die neue Käuferschicht des gebildeten Bürgertums hatte sich von den Lackschildern abgewandt. Der Weiterentwicklung folgend, baute man kleine Rahmenuhren, später Kastenuhren mit kunstvoller Malerei, verbunden mit Augenwender-Automaten.

Ab 1850 erlebte die Jockeleuhr noch einmal eine große Zeit durch die Herstellung von Porzellanschildern. Aus einer Unzahl von Formen erwies sich die "Barockform" oder die "Tropfenform" als die heute noch beliebteste Darstellung. Mit polychromer Bemalung oder kleinen Abziehbildern war sie mit einem Emaillezifferblatt versehen. Seltener trifft man ganz in Emaille gestaltete Schilder oder umgekehrt ganz keramische Schilder, wobei das Zifferblatt ebenfalls bemalt oder mit einem Druck versehen wurde. Schließlich wurden dann die typischen geschnitzten Bahnhäusleschilder in feiner Miniaturausführung geschaffen. Zinkblechschilder mit kolorierter Lithographie waren zu sehen und eine flache Bahnhäusleform als Lithographie auf Blech des Künstlers Lucian Reich aus Hüfingen. Endlich waren dann sogar Jockele-Kuckucksuhren zu bewundern.

Etwa 40 Jahre nach dem ersten Erscheinen der Jockeleuhr gelang es 1830 Joseph Sorg in Neustadt, eine weitere Verkleinerung der Jockeleuhren zu schaffen, die heute Sorguhren heißen.

Joseph Sorg, getauft als Franz Joseph Sorg, wurde am 14.5.1807 als Sohn des Sonnenwirts und Uhrmachers Joseph Sorg in Neustadt geboren. Um sich in der Bezeichnung seiner Uhrwerke von seinem Vater Joseph und seinem älteren Stiefbruder Joseph aus erster Ehe zu unterscheiden, nennt sich Franz Joseph später Joseph Sorg jung. Der ältere Bruder nennt sich Joseph Sorg alt.

Auch bei der Sorguhr zeigen sich im Werk die beschriebenen Variationen der Jockeleuhr: Gehwerk, Gehwerk-Wecker, Gehwerk-Schlagwerk, Gehwerk-Schlagwerk-Wecker. Die Gestelle der meisten Sorguhrenwerke sind 6 – 7 cm hoch, 4 – 5 cm breit und, je nach Werk mit oder ohne Schlag, ca. 4 cm tief.

Früheste Schildformen waren barock gestaltete Lackschilder oder solche mit Stuckauflage. Dazu kamen kleine barocke Messingaufsätze über einem Emaillezifferblatt. Bald folgten geprägte Messingblechschilder, die teils gefaßt, teils feuervergoldet waren. Auffallend bei den Blechschildern ist die sorgfältige Ausarbeitung. Die älteren Schildchen hatten eine Höhe von 7 – 8 cm. Sorguhrwerke wurden in Obstholzgehäuse, in schwarz lackierte Kästen und hinter kunstvolle Rahmen eingebaut.

Nr. 78
Jockele
Mitte 19. Jahrhundert
Geprägtes Messingschild: Prachtpfau
metallgespindeltes Gehwerk
Höhe 14,5 cm

Nr. 79
Jockele
Mitte 19. Jahrhundert
Geprägtes Messingschild: Blumenkorb im Bogen
metallgespindeltes Gehwerk, Weckerwerk mit Glocke
Höhe 12 cm

Nr. 80
Jockele
Mitte 19. Jahrhundert
Geprägtes Messingschild: Portalmotiv
metallgespindeltes Gehwerk, Weckerwerk mit Glocke
Höhe 12 cm

Nr. 81
Rahmenuhr
Mitte 19. Jahrhundert
Geprägtes Messingschild: Chronos-Motiv
quadratische massive Holzplatinen, festehende Federhäuser
Halbstundenschlag auf Tonfeder
Höhe 26 cm

Nr. 82
Jockele in Rahmenuhr
Mitte 19. Jahrhundert, sign. "Weisenberg", Neustadt
Geprägtes Messingschild: Knabe auf mythischem Vogel
metallgespindeltes Geh- und Schlagwerk, Weckerwerk mit Glocke
Halbstundenschlagwerk auf Tonfeder
Höhe 28 cm

Nr. 83
Jockele
Mitte 19. Jahrhundert
Messinggeprägtes Bogenschild bemalt: Kommunionsszene
metallgespindeltes Geh- und Schlagwerk
Wecker- und Stundenschlag auf Glocke
Höhe 11,8 cm

Nr. 84
Jockele
in farbig gefaßtem Bildstöckle
Mitte 19. Jahrhundert
Geprägte Messingfront
metallgespindeltes Gehwerk
Höhe 18 cm

Nr. 85
Jockele
Mitte 19. Jh.
Porzellanschild:
Blumenbemalung
metallgespindeltes
Geh- und Schlag-
werk auf Glocke
Schwarzwälder
Uhrenträger
als Gewicht
Höhe 12 cm

Nr. 86
Jockele
Mitte 19. Jahrhundert
Porzellan-Tropfenform
Im Bogen: Burgmotiv
metallgespindeltes Gehwerk
Weckerwerk mit Glocke
Höhe 11,5 cm

Nr. 87
Jockele
Mitte 19. Jahrhundert
Porzellanschild quadratisch
Im Bogen: Löwenkopf
metallgespindeltes Gehwerk
Weckerwerk mit Glocke
Höhe 13 cm

Nr. 88
Jockele
Mitte 19. Jahrhundert
Porzellanschild
außergewöhnliche Form
metallgespindeltes
Gehwerk
Höhe 14 cm

Nr. 89
Jockele in Bahnhäusle-Form
Mitte 19. Jahrhundert
Laubsägearbeit
metallgespindeltes Geh- und
Schlagwerk, Weckerwerk mit Glocke
Stundenschlag auf Tonfeder
Höhe 27 cm

Nr. 90
Jockele
Mitte 19. Jahrhundert
Bemaltes Blechschild:
Hausmotiv
metallgespindeltes
Gehwerk
Höhe 13 cm

Nr. 91
Sorguhr
Mitte 19. Jahrhundert, sign. "Willmann"
vermutlich Bubenbach/Eisenbach
Im Bogen: Hermes-Motiv
holzgespindeltes Geh- und Schlagwerk
Stundenschlag auf Glocke
Höhe 9,5 cm

Nr. 92
Sorguhr
1. Hälfte 19. Jahrhundert
Emaillezifferblatt, geprägter Messingaufsatz
mit Feuervergoldung
holzgespindeltes Gehwerk mit Ankergang,
kurzes Hinterpendel, Weckerwerk auf Glocke
Höhe 10 cm

Nr. 93
Sorguhr in Portalform
Mitte 19. Jahrhundert
Geprägtes Messingblech
holzgespindeltes Gehwerk
Schnurzug
Höhe 10,5 cm

Nr. 94
Sorguhr
Mitte 19. Jahrhundert
Geprägtes Messingblech, blau bemalt
holzgespindeltes Geh- und Schlagwerk
Schnurzug, Weckerwerk, Halbstunden-
schlagwerk auf Glocke
Höhe 9 cm

Nr. 95
Sorguhr im schwarzen Biedermeierkasten
Mitte 19. Jh. Geprägtes Messingblech, quadratisch
holzgespindeltes Geh- und Schlagwerk, Schnurzug
Halbstundenschlag auf Tonfeder, Weckerwerk
auf Glocke
Höhe 30 cm

Nr. 96
Sorguhr in Rahmen. Mitte 19. Jahrhundert
Geprägtes Messingblech, grüne Ecken, holzge-
spindeltes Geh- und Schlagwerk, Weckerwerk
auf Glocke, Halbstundenschlag auf Tonfeder
Schnurzug
Höhe 23 cm

MUSIKUHREN

GLAS- UND METALLGLOCKEN, HACKBRETT- UND FLÖTENUHREN

Pfarrer Jäck, zwischen 1801 und 1813 in Triberg und umgebenden Orten tätig, berichtete ab 1810 in verschiedenen Aufsätzen über Industrie und Verkehr auf dem Schwarzwald. So erwähnte er, daß ab etwa 1760 Bemühungen angestellt wurden, Musikuhren herzustellen. Er nannte Glockenspiele, angeschlagene Saiten und klingende Pfeifen.

Heimkehrende Händler mögen aus den Zentren des Musikwerkbaus in Europa Kunde von solchen Uhren mitgebracht haben. Was lag nun näher, als mit dem gewohnten klingenden Material Glas zu Anfang eine Musikuhr zu bestücken? Das Gestell war fast würfelförmig.

Die Abb. 97 und Abb. 98 zeigen zwei Holzräderuhren mit Spindelgang und kurzem Vorderpendel. Beide tragen auf der Gestelldecke je zwei rechteckige Rahmen, in denen jeweils acht Glasglocken aufgehängt sind. Jede Uhr verfügt über Gehwerk mit Spindelgang unter der Werkdecke (wegen der oben liegenden Glasglocken), Stundenschlagwerk und dem Spiellaufwerk, verbunden mit der Walze. Diese Walzen sind die Programmträger der Uhren und hier mit je sechs Melodien ausgestattet. Eingeschlagene Metallstifte heben bei der Drehung der Walze, entsprechend ihrer Position, darüberliegende Hebel an. Diese sind über einen nach oben führenden Draht mit kleinen Holzhämmern verbunden. Fällt der angehobene Hebel vom Walzenstift wieder ab, dann fällt das angehobene Schlaghämmerchen auf die Glasglocke und bringt sie zum Erklingen. Eine Walzenumdrehung entspricht genau der Länge eines Musikstückes. Zwischen Ende und Anfang steht auf der Walze

ein freier Streifen, auf dem die Hebelstifte von oben nun anhalten. Jetzt kann die Walze um einen entsprechenden Abstand zum nächsten Stück verschoben werden.

Die kleinen, zerbrechlichen Glasglocken waren in der Herstellung nicht unbedingt teuer. Sie konnten jedoch im Gegensatz zu den Metallglocken nicht gestimmt werden. So waren oft bis zu 50 etwa gleich große und gleich starke Glöckchen nötig, den passenden Ton zu finden. Um diese Mühe zu umgehen, suchte man bald nach anderen Klangerzeugern.

Schild einer Flötenuhr, um 1820. – Privat

Werk einer Flötenuhr. – Privat

nung war, längst an den Höfen Europas bekannt. Als "Glockenspieluhren" fanden sie Eingang in die Schwarzwälder Musikuhrengeschichte.

Um die Wende vom 18. zum 19. Jahrhundert entstanden die Hackbrettuhren. Das Hackbrett, das wir heute noch in der alpenländischen Volksmusik hören können, war damals über den ganzen Schwarzwald verbreitet. Die Mechanik, über eine Programmwalze Hämmerchen anschlagen zu lassen, war schon bekannt. Jetzt setzte man hinter das Werk einen Kasten mit Resonanzboden, auf dem für eine Breite von zwanzig und mehr Tönen Saiten gespannt wurden. Um eine große Klangfülle zu erreichen, spannte man für jeden Ton drei gleiche Saiten nebeneinander. Abgeschlossen wurde der Hackbrettkasten von einer Abdeckung, die in Stil und Ausarbeitung der Schildgestaltung entsprach.

Gleichzeitig mit dem Bau der Hackbrettuhren begann die Herstellung kleiner Orgelwerke in Uhren. Angefangen mit einem Umfang von acht bis zwölf Tönen hinter kunstvoll geschnitzten und gefaßten Barockschildern, entwickelte sich die Flötenuhr bis Mitte des 19. Jahrhunderts in drei technischen und gestalterischen Entwicklungsstufen. Endstufe waren große Werke mit mehreren Registern und bis zu 50 und mehr Pfeifen. Die Ausarbeitung der Schilder änderte sich mehrfach parallel zur Gestaltung der Uhrenschilder.

Um die Uhren augenfälliger zu machen, versah man sie vorn auf der Gestelldecke mit einer Reihe kleiner mechanisch angetriebener Figuren, die durch verschiedene Bewegungen das Spiel von Musikern imitieren sollten. Von der Musikwalze gesteuert, konnten sie sich über ein Hebelsystem drehen und ihre Instrumente heben und senken. An einer Uhr des Patriarchen des Schwarzwälder Flötenuhrenbaus, Ignatz Blasius Bruder, erkennt man besonders deutlich die harmonische Figurenbewegung, gepaart mit dem reinen und warm klingenden Flötenspiel.

Klingende Metallstäbe sollten nun eine Melodie schaffen. Ebenso von Holzhämmerchen angeschlagen, legte man geschmiedete Eisenstäbe von entsprechender Länge auf der Werkdecke auf einer Filz- oder Strohunterlage aus. Das seltene Vorkommen dieser Uhren im heutigen Antiquitätenhandel beweist, daß diese Uhren durch ihren geringen Wohlklang beim Publikum kaum auf Resonanz stießen.

Klarere Töne und harmonischeres Zusammenspiel brachte eine Anordnung genau gestimmter Metallglocken, die auf einer Metallstange nebeneinander befestigt waren. Verborgen in kunstvollen Gehäusen waren diese "Carillons", wie ihre französische Bezeich-

Nr. 97
Hölzerne Uhr mit Glasglockenspiel
Mitte 18. Jahrhundert
Gehwerk mit Spindelgang und kurzem Vorderpendel
Stundenschlagwerk mit Auslösung eines
Glasglockenspiels auf 9 Glocken
6 Musikstücke
Höhe 32 cm

Nr. 98
Hölzerne Uhr mit Glasglockenspiel
Mitte 18. Jahrhundert
Gehwerk mit Ankergang und langem Hinterpendel
hölzernes Gangrad, Stundenschlagwerk mit Auslösung
eines Glasglockenspiels auf 8 Glocken, 6 Musikstücke
Höhe 33 cm

Nr. 99
Hölzerne Uhr mit Spiel auf Metallstäbe. Um 1800
Gehwerk mit Ankergang, Stundenschlagwerk auf Glocke, Spiellaufwerk und
hölzerne Programmwalze mit automatischer Fortschaltung für 6 Musikstücke
Höhe 21 cm

Nr. 100
Hackbrettuhr. Um 1800
sign. "Mathias Albert,
St. Märgen"
Hackbrettabdeckung sign.
"S. Kirner, St. Dilger"
Eingebautes, metallge-
spindeltes Messingräder-
werk mit Stundenschlag
auf seitlicher Glocke (fehlt)
bestiftete Holzwalze
16 Claves, 6 Melodien
Hackbrett mit 16 Tönen
zweichörig
Höhe 94 cm

Nr. 101
Hackbrettuhr. Um 1780
Barockes Stuckschild,
im Stil von Matthias Faller,
vergoldet, eingebautes,
holzgespindeltes Räderwerk
mit Seilzug und Stunden-
schlag auf oben
angeordneter Glocke
bestiftete Holzwalze
6 Melodien
Hackbrett mit 18 Tönen
Höhe 108 cm

Nr. 102 **Flötenuhr**. Ignatz Blasius Bruder, Simonswald, um 1820. Holzgespindeltes Messingräderwerk, Stundenschlag auf Glocke, stündliche Auslösung des Musikwerkes, bestiftete Holzwalze, 23 Claves, 8 Melodien, Orgel mit
44 Pfeifen in 2 Registern, 4 Figurenautomaten, Höhe 73 cm

Nr. 103 **Flötenuhr**. Um 1780, sign. "Josef Schlegel Nr. 79". Barockes, geschnitztes Holzschild mit Goldfassung eingebautes holzgespindeltes Ein-Tage-Werk mit Holzfallen und Stundenschlag auf hinten angeordnete Glocke bestiftete Holzwalze, 6 Melodien, Orgel mit 13 Pfeifen, Höhe 56 cm

Nr. 104
Flötenuhr
um 1790
Metallgespindeltes Messingräderwerk mit
Stundenschlag auf seitliche Tonfeder
stündliche Auslösung des Musikwerkes
2 Figurenautomaten, bestiftete Holzwalze
24 Claves, 8 Melodien, Orgel mit 35 Pfeifen
in 2 Registern
Höhe 84 cm

Nr. 105
Flötenuhr, sign. "Tesheintz, Neustadt, 28. Okt. 1857"
Rahmen mit bemaltem Zinkblechschild: Romantische Burgenlandschaft
Jockele-Gehwerk, metallgespindelte Messingräder, zusätzliche stündliche
Auslösung des Musikwerkes, bestiftete Holzwalze mit 7 Melodien,
10 Claves, Orgel mit 20 Pfeifen in 2 Registern
Höhe 37 cm

Nr. 106
Wanduhr
mit Trompeterautomat
2. Hälfte 19. Jahrhundert
sign. "Emilian Wehrle
Furtwangen"
metallgespindeltes Geh-
und Schlagwerk
Holzplatinen mit
stündlichem Signal
auf 3 Pfeifen
Höhe 1,50 m

UHREN MIT AUTOMATEN

FIGURENBEWEGUNG VOM SCHLAG, VOM GANG, VON EXTRAWERKEN

Händler und Reisende mögen schon früh dem uhrenmachenden Schwarzwald Informationen gegeben haben, daß Uhren noch mehr konnten als nur eine möglichst genaue Zeit anzuzeigen. Man erfuhr von den großen Kunstuhren in Straßburg oder Nürnberg, der alten Prager Rathausuhr oder vielen anderen Automatenwerken mit Figurenbewegungen verschiedenster Art. Aus dem Bewundern und Staunen ergab sich bald der Wunsch, ähnliches an Schwarzwalduhren zu vollbringen.

Bewegungen konnten von den sich drehenden Gangrädern, vom Pendel, der Ankerwelle oder dem Schlagmechanismus abgenommen werden. Seltener wurden für Einzelbewegungen auch Extrawerke zum Geh- und Schlagwerk eingesetzt.

Bei diesen Automatenuhren oder "Männleuhren" wurden die Figuren stets auf dem Werkdach angebracht. Das Schild hatte eine entsprechende Aussägung mit einem dahinter angebrachten Gehäuse.

Der erste Automat an den frühen Holzräderuhren war der grob geschnitzte Kuckuck, der sich zum Stundenruf aus seiner Tür neigte, anfänglich noch ohne Schnabel und Flügel zu bewegen.

Erste menschliche Figuren entstanden in den "Kapuzineruhren". Der Kapuziner steht meist in einem Glockenturm. Über ein Seil in seinen Händen ist er mit einer Glocke verbunden und scheint diese beim Stundenschlag zu läuten, wobei eine nicht sichtbare Drahtverbindung vom Schlagwerk seine Hände bewegt. Später wird dem Geh- und Schlagwerk ein zusätzliches Kapuzinerwerk zugeordnet, wobei über eine gesonderte Schloßscheibe

nur zu den mönchischen Gebetszeiten 6- 12-6 ein längeres Geläut zu hören war. Besondere Aufmerksamkeit gilt einer Kapuzineruhr mit einer Pendellänge von 1,50 m. Jahrzehntelang hatte sie in einem Pfarrhaus ihren Dienst getan.

Sehr beliebte Männleuhren waren die Glokkenschläger. Der Uhr wurde dazu ein zusätzliches Viertelschlagwerk eingebaut. Auf der Bühne über dem Zifferblatt standen drei Figuren, die Hämmerchen in ihren Händen hielten. Hinter oder über den Figuren waren drei verschieden große Glocken angebracht. Zwei Figuren schlugen die Viertelstunden, während die dritte, meist erhöht postiert, die Stunden schlug. Die Personen vollführten die Drehbewegung des Klöppels an einem normalen Schlagmechanismus.

Die Metzgeruhr demonstriert in aller Deutlichkeit diesen Beruf. Der Metzger, dessen Arme mit dem Schlagmechanismus verbunden sind, schlägt mit dem Stundenschlag dem Ochsen auf den Kopf. Das Tier ist mit dem Einfallshebel des Herzrades verbunden und fällt so beim letzten Schlag um. Kurz vor den nächsten Stundenschlägen läuft das Herzrad an, der Einfallshebel hebt sich und richtet den Ochsen wieder auf, damit er kurz darauf erneut erschlagen wird. Der gezeigten Metzgeruhr des Badischen Landesmuseums Karlsruhe ist noch ein Hund beigegeben, der zu jedem Schlag das Maul öffnet, um mit einer dahinterliegenden Kuckuckspfeife zu bellen.

Eine makabere Szene zeigen zwei Enthauptungsuhren. Auf beiden Werken sitzt ein Verurteilter vor seinem Scharfrichter, der ihm mit Schwertschlägen zu den vollen Stunden den

Kopf abtrennt. Ihm gegenüber steht eine Frau mit einer großen Schale, auf der sie den abgeschlagenen Kopf zur Seite nimmt. Kurz vor dem nächsten Stundenschlag wird der Kopf wieder zurückgesetzt. Vermutlich wird hier die biblische Geschichte von Salome und Johannes zitiert. In der Schilduhr befindet sich zusätzlich ein Kapuzinerwerk mit dem Schlagrhythmus des Angelusläuten. Kapuziner und darüberstehender Glockenturm sind noch auf Fotos von Spiegelhalder erkennbar.

Eine Kombination aus Schlag- und Pendelbewegung erkennt man an den begehrten Türken- oder Schnappuhren. Auf ein Lackschild ist ein geschnitzter und bemalter Türkenkopf gesetzt. Seine Augen sind gelagert und bewegen sich mit dem Pendel hin und her. Für den Stundenschlag hat der Unterkiefer eine Verbindung zum Schlaghammer, dessen Bewegung den Mund zuschnappen läßt. Dies gab dem Automaten den Namen Schnapper oder Schnappuhr. Eine natürliche Bewegung scheint ein Mäher zu vollführen, der mit der Ankerwelle in Verbindung steht und in ruhigen Drehungen unermüdlich zuarbeitet.

In großen Stückzahlen angefertigt, brachten es die Rahmenuhren mit Augenwender zu weltweiter Verbreitung. In direkter Bemalung auf Blech oder als Chromlithographie agieren Jäger, Mönche, Wilderer, Zauberer, Liebespaare, Tiere und orientalische Gelehrte. Dabei kamen auch Doppelaugenwender vor. Die Beliebtheit dieses Automatentyps ging so weit, daß man Jockele und Sorguhren mit ihnen in kunstvollen kleinen Rahmen verband.

Ein auffälliger Lackschildautomat war der Wachsoldat, der vor dem Schild zwischen zwei Wachhäuschen hin- und hermarschierte. Seine Bewegung wurde vom Ankerrad abgenommen, dessen Achse durch die Platine nach vorn gesteckt wurde und mit einem Kurbelansatz den Soldaten bewegen konnte. Die Kehrtwendung erfolgte über eine kleine Zahnradmechanik.

Seltene und wertvolle Erscheinungen sind die kleinen Uhrenträgerfiguren, die an ihrer Brust eine kleine Pendeluhr mit Federaufzug tragen. Über eine vom Uhrwerk abgenommene Drehbewegung öffnet und schließt sich der Mund, während die Augen die Mundbewegung auf- und abblickend begleiten.

Gegen Ende des 19. Jahrhunderts schließlich unternehmen es die aufstrebenden Uhrenfabriken, kleine Uhrenautomaten mit Extrawerken herzustellen. Auf den Gehäusen treten nun Knödelfresser auf, die beständig Knödel zu verschlingen scheinen. Eine Spinnerin tritt ein Spinnrad und Gambrinus sitzt auf einem Fasse, schenkt sich fortlaufend aus einer Kanne ein und trinkt den Becher aus.

Links: Werkstückehalter, 1. Hälfte 19. Jh.
Rechts: Drehstuhl mit Fräsvorrichtung, Furtwangen, 1. Hälfte 19. Jh. – Privat

Nr. 107
Lackschilduhr
"Enthauptungsuhr"
mit Kapuziner (fehlt)
Mitte 19. Jahrhundert
Auf dem Quadrat aufgesetztes
Gebäude mit 4 Automatenfiguren
in den Ecken kleine Blumensträuße
holzgespindeltes Gehwerk mit
Ankergang, Stundenschlagwerk auf
Glocke mit Enthauptungsautomat
Kapuziner-Laufwerk auf 2 Gocken
zu den Gebetszeiten
Höhe 44 cm

Nr. 108
Holzräderuhr
mit Enthauptungsautomat
2. Hälfte 18. Jahrhundert
Gehwerk mit Ankergang
und langem Hinterpendel
Stundenschlagwerk auf Glocke
mit Enthauptungsautomat
Höhe 30 cm

Nr. 109
Lackschilduhr "Metzgeruhr"
Mitte 19. Jahrhundert
Im Bogen: Öffnung für Metzgerautomat
große Blumen in den Ecken
holzgespindeltes Gehwerk mit Ankergang
Stundenschlag auf Tonfeder zusammen mit
Metzgerautomat, dazu Hundegebell auf Pfeife
Höhe 42 cm

Nr. 110
Lackschilduhr mit Schnitter
Mitte 19. Jahrhundert
Im Bogen: Öffnung für Automat und koloriertes
Abziehbild mit Ernteszene, in den Ecken Apfelrosen
metallgespindeltes Gehwerk mit Ankergang
langes Hinterpendel, Stundenschlagwerk auf Glocke
Automatenbewegung vom Pendel
Höhe 40 cm

Nr. 111
Hölzerner Glockenschlägerautomat
(Stollenuhr)
2. Hälfte 18. Jahrhundert
Lindenholzschild mit späterer Bemalung
Gehwerk mit Ankergang, Ankerwelle
auf Werkdach und langem Hinter-
pendelGehwerk vor
Stunden-/Viertelstundenschlagwerk
auf dem Werkdach 3 Figuren, die die
Stunden- und Viertelstunden schlagen
Höhe 54 cm

Nr. 111
Hölzerner Glockenschlägerautomat
ohne Schild

Nr. 112
Lackschilduhr mit Kapuziner
sign. "Johann Haberer, Neustadt"
Mitte 19. Jahrhundert
Im Bogen Bemalung: Kirche mit rotem Dach
in den Ecken Apfelrosen
holzgespindeltes Gehwerk mit Ankergang
Stundenschlag auf Tonfeder
Mönchsautomat auf 2 Glocken
zu den Betzeiten (6, 12, 18 Uhr)
Höhe 48 cm

Nr. 113
Lackschilduhr mit Kapuziner
1. Hälfte 19. Jahrhundert
Bemaltes Schild:
Kapelle
holzgespindeltes Gehwerk
mit Ankergang
und langem Hinterpendel
Stundenschlag auf Glocke,
Angelusläuten auf Tonfeder
Höhe 41 cm

Nr. 114
Lackschilduhr mit Kapuziner. Mitte 19. Jahrhundert
Schild mit Säulen, im Bogen Bemalung: Kapelle
metallgespindeltes Gehwerk mit Ankerhemmung
langes Hinterpendel, Stundenschlag auf Glocke
Angelusläuten auf Glocke zu Gebetszeiten (6, 12, 18 Uhr)
Höhe 40 cm

Nr. 115
Lackschilduhr mit Kapuziner. Um 1860
Übergroßes Schild mit Kapelle, Mönch und Glocke
auf den Seiten Säulen, metallgespindelte Achttage-Uhr
mit Ankergang, Halbstundenschlag auf Glocke
Angelusläuten zu den Gebetszeiten (6, 12, 18 Uhr)
für 2 Minuten, Pendellänge 1,5 m
Höhe 51 cm

Nr. 116
Stockuhr mit Kapuziner
sign. "H.W. 1836"
Geschnitzte Vorderfront
mit Wurzelholzteilen
Messingplatinenwerk
Federzug
Kapuziner läutet alle
6 Stunden zum Gebet
Höhe 72 cm

Nr. 117
Lackschilduhr mit Schnappautomat
1. Hälfte 19. Jahrhundert
Einfach bemaltes Schild
Blumen in den Ecken
im Bogen: "Türkenkopf"
die Augen bewegen sich mit
dem Pendelschlag hin und her
mit dem Stundenschlag
bewegt sich der Unterkiefer
("Schnapper" oder "Schnappuhr")
holzgespindeltes Gehwerk
mit Ankergang, Halbstundenschlag
auf Tonfeder
Höhe 37 cm

Nr. 118
Holzräderwerk mit Schnappautomat
Mitte 18. Jahrhundert
Süddeutsch
Gehwerk mit Spindelgang
und kurzem Vorderpendel
Stundenschlag auf Glocke (fehlt)
Höhe 33 cm

Nr. 119
Rahmenuhr mit doppeltem Augenwenderautomat
Mitte 19. Jahrhundert, sign. "Balthasar Kleiser
Schwarzenbach". Öl auf Blech: Frauenpaar in
Schwarzwälder Tracht, Innenrahmen bemalt, Schotten-
werk, metallgespindelt, Stundenschlag auf Tonfeder
Höhe 36 cm

Nr. 120
Rahmenuhr mit Augenwenderautomat
2. Hälfte 19. Jahrhundert
Öl auf Blech: Jägerpaar in alpenländischer Tracht
Schottenwerk, metallgespindelt
Halbstundenschlag auf Tonfeder
Höhe 37 cm

Nr. 121
Rahmenuhr mit Augenwenderautomat
für den türkischen Markt. Mitte 19. Jahrhundert
Öl auf Blech: Türkischer Krieger
Schottenwerk, metallgespindelt
Stundenschlag auf Tonfeder
Höhe 28 cm

Nr. 122
Rahmenuhr mit Augenwenderautomat
Mitte 19. Jahrhundert
Öl auf Blech: Männerporträt
Schottenwerk, metallgespindelt
Stundenschlag auf Tonfeder
Höhe 33 cm

Nr. 123
Rahmenuhr mit Augenwenderautomat
Mitte 19. Jahrhundert
Öl auf Blech: Männerporträt
Schottenwerk, metallgespindelt
Stundenschlag auf Tonfeder
Höhe 33 cm

Nr. 124
Rahmenuhr mit Augenwenderautomat
Mitte 19. Jahrhundert
Öl auf Blech: Männerporträt
Schottenwerk, metallgespindelt
Stundenschlag auf Tonfeder
Höhe 32 cm

Nr. 125
Rahmenuhr mit Augenwenderautomat
Mitte 19. Jahrhundert
Öl auf Blech: kartenspielender Mönch
Schottenwerk, metallgespindelt
Stundenschlag auf Tonfeder
Höhe 30 cm

Nr. 126
Rahmenuhr mit doppeltem Augenwenderautomat
Mitte 19. Jahrhundert
sign. "Fürderer & Jägler, Neustadt"
Öl auf Blech: Blondes Mädchenpaar
Schottenwerk, metallgespindelt
Stundenschlag auf Tonfeder
Höhe 32 cm

Nr. 127
Rahmenuhr mit Augenwenderautomat
für den spanischen Markt. Mitte 19. Jahrhundert
sign. "Rupert Maurer, Eisenbach"
Öl auf Blech: Spanierin in Biedermeierkleidung
Messingrahmen, Schottenwerk, metallgespindelt
Halbstundenschlag auf Tonfeder, Weckerwerk (fehlt)
Höhe 32 cm

Nr. 128
Rahmenuhr mit Augenwenderautomat
Mitte 19. Jahrhundert
Öl auf Blech: Luchs
Schottenwerk, metallgespindelt
Halbstundenschlag auf Tonfeder
Höhe 30 cm

Nr. 129
Schaufensterfigurenautomat
Uhrenträger in Tiroler Tracht
und Kuckuck in der Hand
Mitte 19. Jahrhundert
Aus Lindenholz, farbig bemalt
gehendes Jockele-Werk mit Federzug,
dazu Automat, der fortlaufend Mund
und Augen nach der Seite bewegt
Höhe 43 cm

Nr. 130
Schaufensterfigur
Jakobspilger
vor Bildstock
Mitte 19. Jahrhundert
Bemalte Blechfigur
Miniaturuhrwerk
auf der Säule
Höhe 40 cm

Nr. 131
Schaufensterfigur
Uhrenträgerin in alpenländischer Tracht
Mitte 19. Jahrhundert. Bemalte Blechfigur
Miniaturuhr vor der Brust, Attrappe auf Rücken
(Uhr später)
Höhe 35 cm

Nr. 132
Schaufensterfigur
Uhrenträger in Schwarzwäldertracht
Mitte 19. Jahrhundert
Bemalte Blechfigur
Miniaturuhr vor der Brust, Attrappe auf Rücken
Höhe 37 cm

Nr. 133
Stockuhr
mit aufgesetztem
Figurenautomat
Ende 19. Jahrhundert,
Gordian Hettich
u. Söhne
4 Evangelisten und
Petrus drehen sich je-
weils zur vollen Stunde
durchbrochene Messing-
platinen, Federzug mit
fliegenden Federhäusern
Höhe 51 cm

Nr. 134
Schaufensterfigurenautomat
Orientale
Miniaturuhr vor dem Körper
verbunden mit Mund- und Augenbewegung
Mitte 19. Jahrhundert
Holz geschnitzt, polychrom gefaßt
Höhe 41 cm

Nr. 135
Schaufensterfigurenautomat
Schwarzer Krieger
Miniaturuhr vor dem Körper, verbunden mit
Mund- und Augenbewegung
Mitte 19. Jahrhundert
Lindenholz geschnitzt, polychrom gefaßt
Höhe 41 cm

Nr. 136
Schaufensterfigurenautomat
vornehmer Türke, Miniaturuhr vor dem Körper,
verbunden mit Mund- und Augenbewegungen
um 1840
Lindenholz geschnitzt, polychrom gefaßt
gehendes Jockele-Werk mit Federzug
Höhe 41 cm

Nr. 137
Stockuhr mit aufgesetztem Figurenautomat
Figur bewegt Augen und Unterkiefer, schenkt sich
Glas ein und trinkt daraus. Ende 19. Jahrhundert
Messingplatinen in Lyraform, Federzug
stündliche Automatenauslösung
Höhe 50 cm

Nr. 138
Stockuhr mit Wachsoldat
Ende 19. Jahrhundert
Vorderfront geschnitzt im Neogotik-Stil
metallgspindeltes Geh- und Schlagwerk
Halbstundenschlag auf Tonfeder
Höhe 55 cm

Nr. 139
Stockuhr mit aufgesetztem Figurenautomat
Uhrwerk in einem Faß, im Sockel Bierbrauer-Stern
Figur (vermutl. Gambrinus) schenkt sich ein, trinkt
bewegt Unterkiefer und Augen. Ende 19. Jahrhundert
durchbrochene Messingplatinen
Höhe 44 cm

Nr. 140
Stockuhr mit aufgesetztem Figurenautomat
Spinnerin bewegt beide Arme, imitierte Tretbewegung
Drehen des Spinnrades
Ende 19. Jahrhundert
massive Messingplatinen
Höhe 56 cm

Nr. 141
Stockuhr mit aufgesetztem Figurenautomat
"Knödelfresser". 2. Hälfte 19. Jahrhundert
sign. "Gordian Hettich & Söhne, Furtwangen"
Großes ausgesägtes Messingplatinenwerk
Selbstauslösung des Figurenautomaten alle 2 Minuten
massive Messingplatinen
Höhe 50 cm

Nr. 142
Stockuhr mit aufgesetztem Figurenautomat
"Knödelfresser"
2. Hälfte 19. Jahrhundert
Messinglyrawerk, Federzug
separate Automatenauslösung
Messingplatinen in Lyraform
Höhe 56 cm

SCHWARZWALDUHREN MIT BESONDEREN ZEITANGABEN

Vom Beginn des Schwarzwälder Uhrenbaus an interessierte es die Uhrmacher, über die Anzeige des üblichen Zeigerbildes hinaus, längere Zeitabschnitte auf den Zifferblättern sichtbar zu machen. Häufigste Form der erweiterten Zeitanzeige waren Uhren mit Angabe der Monatstage. Auf dem Zifferblatt wurde der Kreis der Monatstage mit einer 31-Tageeinteilung innerhalb der 12 Stundenziffern aufgemalt. Ein dritter, entsprechend kürzerer, andersförmiger Tagezeiger befand sich jetzt unter dem Stunden- und Minutenpaar. Über zwei zusätzliche Räder wurde das Monatsrad über einen Stift täglich um ein Zahnsegment weitergedreht. Änderungen an den Monatsenden mußten von Hand korrigiert werden.

Seltene und kostbare Uhren sind solche, deren Anzeigen die bisherigen Angaben überschreiten. Eine hölzerne Waaguhr weist ein Viertelstundenzifferblatt, darüber das Stundenzifferblatt mit großer Stiftweckerscheibe auf. Auf einem darüber befindlichen dritten Zifferblatt werden sowohl der Ablauf eines Monats als auch die Monatsnamen dargestellt. In die Schildbekrönung ist eine Mondkugel eingelagert, die die Mondphasen zeigt. Das Aufzeigen der Mondphasen war für die bäuerliche Bevölkerung von großer Wichtigkeit: Aussaat, Anpflanzung oder Baumschnitte waren immer auf bestimmte Mondalter ausgerichtet.

Der berühmte Schwarzwälder Uhrmacher Lorenz Bob (1805 – 1878) hat seine Kalenderuhr besonders ideenreich geplant und konstruiert. Die Uhr mit einem Achttagewerk zeigt auf vier zusätzlichen kleinen Zifferblättern die Wochentage, Monate, Monatstage und Sekunden. Das Zifferblatt mit einem fein

gemalten Hochzeitszug im Halbbogen deutet auf eine Bestimmung für den englischen Markt hin.

Zu den Uhren mit dem gebräuchlichen Halbstunden- und Stundenschlag hatte sich bald die Viertelschlaguhr hinzugesellt. Hier war es allerdings nötig, dem Stundenschlagwerk noch ein weiters Werk für die Viertelstunden beizugeben. Dieses Viertelwerk besaß eine kleine Schloßscheibe mit vier Segmenten für die Viertelschläge. Erklang zur vollen Stunde der 4/4-Schlag, löste ein Hebel zum Stundenwerk dessen entsprechende Stundenschläge aus. In älteren Werken waren die Viertelschläge oft auf einen Zusammenklang von zwei oder drei Glocken vereint. Die Stunden wurden auf eine deutlich größere Glocke geschlagen. Später wurde für die Viertel eine Aufeinanderfolge zweier Glocken geplant, der Stundenschlag kam von einer Tonfeder. Werke ohne Glocken, jedoch mit drei oder vier Tonfedern traf man selten an.

Die Surreruhr nun ist eine nahe Verwandte der Uhr mit Viertelstundenschlag. Ihr Unterschied besteht darin, daß der Surrer mit zwei Gewichten auskommt, weil die Viertel- und Stundenschläge über ein gemeinsames Schlagwerk ausgelöst werden. Weiterhin unterscheiden sie sich in der Abfolge der Schläge. Die Uhr mit Viertelwerk schlägt jede Viertelstunde die Anzahl der abgelaufenen Viertel. Nach dem 4/4-Schlag erfolgt der Stundenschlag. Bei der Surreruhr wird jedoch immer auf den Viertelschlag folgend die verflossene Stunde angeschlagen. Zeigt eine Uhr z.B. 4.45 Uhr, so schlägt sie drei Viertel "nach" 4 Uhr. Diese Schlagfolge wird auch als Wienerschlag bezeichnet. Die Hammerwellen für die Glokkenschläge werden von dem Hebnägelrad bewegt, an dessen einer Seite vier Stifte für die Viertelschläge und an der Gegenseite 12 Stifte in steigender Länge angebracht sind. Korrespondierend zur fortschreitenden Zeit werden die beiden vom Zeigerwerk gesteuerten Schlagfallen an dem Hebnägelrad in gleichen Abständen bewegt.

Die hölzernen und halbhölzernen Surrer vor 1800 verfügten oft noch über ein bemaltes Papierzifferblatt, während die Uhren bis 1850 Lackschilder trugen. Spätere Lackschildsurrer hatten messinggespindelte Werke und Schläge auf Tonfedern. Nach 1850 wurden Surrerwerke auch gerne in Rahmenuhren eingebaut. In diesem Schottenuhrenformat fanden Surrer u.a. in Moskau oder Odessa großen Absatz, was Rechnungsbücher aus dem Heimatmuseum Gütenbach belegen.

Akustische Zeiterinnerungen erhielten Besitzer aus den schon beschriebenen Weckeinrichtungen, die von Anfang an in Uhren eingebaut waren. Eine technische Variante dazu wird an einer Holzräderuhr gezeigt, deren Weckerspindel, wohl aus Platzmangel, an der linken Außenseite der Uhr angebracht ist.

Als sinnvoll erweist sich der "Gesindewekker" aus der Sammlung Spiegelhalder. Vor den Gesindestuben war an einem Wandbrett unter einer großen Glasglocke eine Weckerspindel mit Gewicht und Sperrklinke angebracht. Von der Sperrklinke führte eine lange Schnur durch die Decke hinunter zur Stubenuhr mit Weckeinrichtung. Zur erreichten Weckzeit am Morgen zog ein Hebel des Weckerwerkes an der Schnur. Diese löste oben die Sperrklinke, und der Gesindewecker verrichtete seinen Dienst bis sein Gewicht abgelaufen war. Eine Kapuziner-Variante zeigt eine Lackschilduhr, deren feststehende Weckerscheibe drei ausgesägte Kreissegmente besitzt, in denen drei Schraubstifte je nach den Wünschen des Besitzers statt der üblichen 6- 12- 6- Erinnerung, zeitlich verändert werden können. Das Geläut dauert dann jeweils 30 Sekunden. Noch unklar bleibt der Anwendungsbereich und die Herkunft des auf dem Zifferblatt bezeichneten Mager-Weckers. Auf der Weckerscheibe sind Löcher für einen Schraubstift eingebohrt, und der Stundenzeiger ist außen am Scheibenrand angebracht. Das Werk der ansprechenden Rahmenuhr ist sehr stabil gebaut, versehen mit einer außergewöhnlich großen und laut tönenden Glokke. Ebenso unklar bleibt das Aufgabengebiet eines Werkes mit besonderem Schlagwerk. Gesteuert über ein Rad im Schlagwerk mit vier gleich langen Abschnitten, werden zu jeder Viertelstunde sechs Doppelschläge auf zwei übereinanderliegende Glocken abgegeben. Interessanterweise wird die Schlagauslösung am Zeigerwerk über einen Hammer bewirkt, den man sonst nur bei Surrern antrifft.

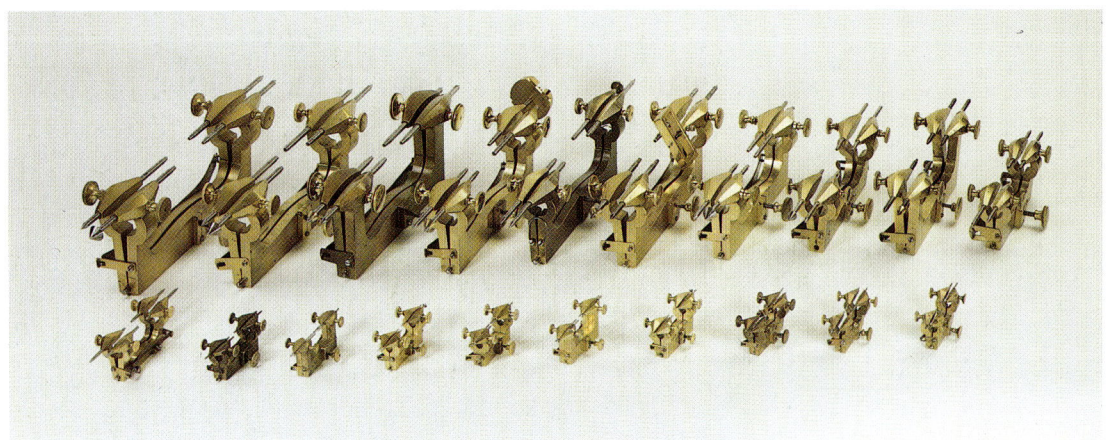

Eingriffzirkel: Instrumente zur Abstimmung des Ineinandergreifens der Räder im Uhrwerk, 19. Jh. – Privat

Nr. 143
**Holzräderuhr mit astro-
nomischen Indikationen**
Mitte 18. Jahrhundert
Ölbemaltes Holzschild:
Windengel in den Ecken
3 Zifferblätter für Minuten
Stunden, Datum, Wecker-
scheibe, im Bogen: Metall-
aufsatz mit Tag/Nacht-
Anzeige, Gehwerk mit
Spindelgang und Balken-
waag, Stundenschlagwerk
auf Bronze-Glocke
Weckerwerk auf Glocke
Höhe 51 cm

Nr. 144
Holzräderuhr mit Lackschild
"1832" (dat.)
Bemaltes Schild mit versch. Zifferblättern:
Stunden-/Minutenangabe, Wochentage, Monate
Gehwerk mit Ankergang und langem Hinterpendel
Viertelstundenschlag auf Glocke
Höhe 38 cm

Nr. 145
Lackschild mit 3 Zifferblättern
Stunden, Minuten, Wochentage, Monate
1. Hälfte 19. Jahrhundert
Höhe 38 cm

Nr. 146
Kalenderuhr für den englischen Markt, sign. "Lorenz Bob". Um 1840. Fein bemaltes Blechschild, im Bogen:
Hochzeitsgesellschaft, zusätzliche Anzeigen für Datum, Wochentag, Monat, Sekunden, frühes metallge-
spindeltes Achttagewerk, Stundenschlag auf Tonfeder
Höhe 39 cm

Nr. 147
Holzräderuhr
Ende 18. Jahrhundert
Frühform der Lackschildmalerei ohne Kreidegrund
Gehwerk mit Spindelgang und kurzem Vorderpendel
Stundenzeiger, Wecker auf Glasglocke
besondere außenliegende Anordnung der Weckerspindel
Höhe 29 cm

Nr. 148
Holzräderwerk
vermutlich für den Gebrauch in einer Hofkapelle
2. Hälfte 18. Jahrhundert
Gehwerk mit Ankerwelle auf dem Werkdach
Stundenschlagwerk auf übergroße
Glasglocke (Höhe 17 cm)
Höhe 41 cm

Nr. 149
Lackschilduhr mit Glockenschläger-Automat. Mitte 19. Jahrhundert. Bemaltes Schild mit kleinen Apfelrosen
im Bogen: Verglaster Glockenschläger-Automat mit 4 Figuren, holzgespindeltes Gehwerk mit Ankergang
Stundenschlag auf Tonfeder, Viertelstundenschlag auf 3 Glocken, Datumsangabe
Höhe 42 cm

Nr. 150
Rahmenuhr mit Mager-Wecker. 2. Hälfte 19. Jahrhundert
Hinter Glas Abziehbild mit Burgenlandschaft
metallgespindeltes Geh- und Schlagwerk, besonders kräftiger
Wecker auf Bronzeglocke und Kettenzug zum Abstellen
Höhe 37 cm

DIE SCHWARZWALDUHR ALS EXPORTARTIKEL

Kaum war der Bau von Holzräderuhren im 1. Drittel des 18. Jahrhunderts in Schwung gekommen, stellte sich für die Uhrmacher das Problem, für diese Werke auch Käufer zu finden. Anfänglich reichte es, im Hausierhandel die nähere Umgebung zu bereisen, sein Glück auf Wochenmärkten in den nahen Städten oder bei dörflichen Jahresfesten zu suchen. Später faßten Uhrmacher den Mut, in weiter entfernte Gebiete zu ziehen. Die Uhren, die man in den langen Wintermonaten gebaut hatte, wurden nach der Schneeschmelze auf ein großes Tragegestell, die Krätze, gepackt. Der Weg dauerte so lange, bis die letzte Uhr verkauft war, und man wieder heimkehren konnte.

Mit steigender Produktion, durch verbesserte Werkzeuge, mußte man sich zwangsläufig anderer Hilfen bedienen, indem man nahe Verwandte ausschickte oder seine Waren einer der bestehenden Glasträgerkompanien übergab. Diese rechneten nach getätigtem Geschäft mit dem Uhrmacher ab. Bei gegenseitigem Vertrauen konnte jeder mit dem Abschluß zufrieden sein.

Durch die beginnende Arbeitsteilung und weitere Entwicklung zeitsparender technischer Hilfsmittel, wurde die Produktion zu Beginn des 19. Jahrhunderts gewaltig gesteigert. Sollte jetzt noch alles verkauft werden, mußten die Märkte auf ganz Europa und Übersee ausgedehnt werden. Die neu geschaffene Lackschilduhr schien bestens geeignet, eine große, hauptsächlich ländliche Bevölkerung mit sehr preiswerten Uhren zu versorgen.

Zur rationellen Abwicklung dieses Handels gründeten sich an verschiedenen Orten Händlerkompanien, die sich bestimmte Länder zum Absatz vornahmen. Beliefert wurden die Kompanien im Ausland von dem Packer, der bald das entscheidende Bindeglied zwischen dem Produzenten und dem Verkäufer werden sollte. Zusätzlich zum Versand der Uhren betrieb der Packer oft eine Wirtschaft, verbunden mit einem Gemischtwarenladen. Hiermit zwang er den Uhrmacher, zu erhöhten und nicht nachkontrollierbaren Preisen bei ihm zu zechen, Haushaltswaren und Uhrenbestandteile zu kaufen. Das lange Warten auf den Uhrenlohn und die ständig erzwungenen Einkäufe brachten manchen Uhrmacher in eine immer größere Verschuldung und Abhängigkeit.

So unterschiedlich die belieferten Länder waren, so verschieden entwickelten sich die Anforderungen, jeweilige nationale Käuferschichten zufriedenzustellen. Hauptexportland für die Schwarzwalduhr war von Anfang an Frankreich. Durch die Grenznähe waren Händler bald in allen französischen Landesteilen untergekommen. Hauptkonkurrent war hier die Comtoise-Uhr aus dem französischen Jura in unverwüstlicher Metallbauweise und mit einer vielfältigen Schildgestaltung aus gedrücktem Messingblech. In kurzer Zeit hatten die Schwarzwälder die Vorteile und Eigenarten dieses Uhrentyps erkannt und sie im Rahmen ihrer Möglichkeiten auf Schwarzwalduhren umgesetzt. Das Werk wurde mit einer Laufzeit für acht Tage und Schnuraufzug gebaut. Die äußere Gestaltung versuchte man anfänglich mit vergoldeten Stuckschildern der Comtoise anzugleichen. Später kaufte man originale französische Drückbleche, um sie als Abdruckform für die Stucktechnik zu verwenden oder das originale französische Blech selbst auf einem hölzernen Rückbrett zu montieren. Das Zifferblatt war dann wieder in klassischer Lackschildmanier gestaltet. Zwei ausgestellte Uhren verdeutlichen diesen Vorgang.

Der französische Markt bevorzugte eine reiche farbige Schildgestaltung mit großen Blumen im Bogen und Phantasieformen um das Zifferblatt. Dagegen erbaten sich Engländer und Skandinavier nur eine sehr dezente Blumendarstellung. Blumen mit Wismutmalerei wurden in den baltischen Ländern geschätzt. Schildbemalungen mit Früchten und reicher Randkolorierung gefielen besonders in osteuropäischen Ländern. In Italien und Spanien waren schwarzgrundige Schilder gefragt, die augenfällig mit hellen Blumen besetzt wurden. Für Amerika waren anfänglich Lackschilder wenig geeignet, da während der langen Überfahrt die feuchte und salzhaltige Meeresluft der Bemalung schadete.

Für den Gebrauch in Dienststuben fertigte man schmucklos gehaltene runde Lackschilder ohne Umrandung, die in England, Skandinavien und Amerika großen Absatz fanden. Als Sonderform des Lackschildes werden heute unter Sammlern die "Türkenuhren" geschätzt, deren Ziffernkreis mit osmanischen Zahlzeichen beschriftet ist. Ab 1850 wurden Rahmenuhren mit Augenwenderautomaten in alle Welt verkauft, wobei ab etwa 1870 Kastenuhren mit Augenwender und Kuckuck in China in großer Zahl Abnehmer fanden.

Die Beliebtheit der Jockeleuhr erstreckte sich schnell auf alle Exportländer. Jockele mit Lackschild oder Drückblech wurden anfänglich viel nach England, Holland, in die skandinavischen Ländern und nach Österreich verkauft. Italien und Spanien verlangten Jockele mit Weckeinrichtung. Später wurden Jockele mit kleinem Holzschild und Farbdruck, dem sog. "Façonzifferblatt", nach Polen, Österreich-Ungarn und auf den Balkan geschickt.

Schließlich begann ab etwa 1880 der unvergleichliche Siegeszug der heute noch gefertigten kleinen Bahnhäusleuhr mit Kuckuck und Schnitzverzierungen.

Kettenmaschine. – Deutsches Uhrenmuseum Furtwangen

Nr. 151
Lackschilduhr
Mitte 19. Jahrhundert
Händleraufschrift: "Salmon à St. Remy"
Schildsignatur: "Scherzinger"
Barockes Schild mit Blumenbemalung
Achttage-Uhr, holzgespindeltes Geh- und
Schlagwerk, Halbstundenschlag auf Glocke
Höhe 36 cm

Nr. 152
Lackschilduhr
für den französischen Markt
Händleraufschrift: "Primus Hummel à Rambouillet"
1. Hälfte 19. Jahrhundert
Blumenbemalung, Goldrahmen
Achttage-Uhr, holzgespindeltes Geh- und
Schlagwerk, Halbstundenschlag auf Glocke
Höhe 36 cm

Nr. 153
Stuckschilduhr für den französischen Markt. Nachahmung einr Comtoiser Uhr
Mitte 19. Jahrhundert, Händlersignatur "Joseph Pfaff à Etampes"
Werk: "Joseph Fehrenbach", Neukirch, Schild: "Fidel Hepting"
Im Bogen: Sonne und Blattornamente
Achttage-Uhr, holzgespindeltes Geh- und
Schlagwerk, Halbstundenschlag auf Tonfeder
Höhe 40 cm

Nr. 154
Lackschild mit Früchten
für den holländischen Markt
Mitte 19. Jahrhundert
Höhe 35 cm

Nr. 155
Lackschilduhr
für den spanischen Markt
Mitte 19. Jahrhundert
Im Bogen kolorierte Lithographie: Frau in Tracht
metallgespindeltes Geh- und Schlagwerk, Stundenschlag auf Tonfeder
Höhe 35 cm

Nr. 156
Glockenschläger-Automat für den südländischen Markt. Um 1860, sign. "Eisenbach". Schwarzgrundiges Lackschild in barocker Form, mit hellen Apfelrosen, im Bogen: 3 Glockenschläger in Tiroler Tracht vor Stadtkulisse, metallge-spindeltes Geh- und Schlagwerk, Viertelstunden- und Stundenschlag auf 3 Glocken, Höhe 48 cm

Nr. 157
Achteckige Rahmenuhr
für den amerikanischen Markt
Ende 19. Jahrhundert, sign. "Gregory Kreutz, Boston"
Lackschildzifferblatt, Messingintarsien
holzgespindeltes Gehschlagwerk mit typischen Bandketten
Stundenschlagwerk auf Glocke
Höhe 37 cm

Nr. 158
Rundrahmenuhr
für den englischen Markt
Ende 19. Jahrhundert
Rundes Lackschildzifferblatt
metallgespindeltes Geh- und Schlagwerk
Stundenschlag auf Glocke
Höhe 32 cm

Nr. 159
Tischuhr
für den amerika
nischen Markt
sign. "Eisenbach,
J.B. Beha, 1860-70"
Adlerkasten mit
Intarsienarbeit
Kuckuck und
Schlag auf Tonfeder
Walzenspielwerk
mit Zagenkamm,
6 Melodien,
Auslösung manuell
Höhe 65 cm

Nr. 160
Lackschilduhr für die baltischen Länder
1. Hälfte 19. Jahrhundert
Schild und Werk sign. "Gedeon Dufner", Furtwangen
Blumenbemalung, holzgespindeltes Geh- und Schlagwerk,
Halbstundenschlag auf Glocke
Höhe 36 cm

Nr. 161
Lackschilduhr
für den ungarischen Markt
Mitte 19. Jahrhundert
Im Bogen: Früchte, in den Ecken Blumen
holzgespindeltes Gehwerk
(sog. "halbhölzerne Uhr") mit Ankergang
Stundenschlag auf Glocke
Höhe 28 cm

Nr. 162
Lackschild
für den ungarischen Markt
für Schotten- oder Jockele-Werk
Im Bogen: Gehöft-Darstellung
Höhe 17 cm

Nr. 163
Wanduhr für den osmanischen Markt. Um 1860
Öl auf Zinkblech: Südöstliche Ortsansicht, Holzplatinen, metallgespindelte Messingräder
fliegende Federhäuser, Federzugwerk und Stundenschlag
Höhe 41 cm

Nr. 164
Kastenuhr mit Kuckuck
für den türkischen Markt
Ende 19. Jahrhundert
Emailleschild mit türkischen Ziffern
und Porzellansäulen
metallgespindeltes Geh- und Schlagwerk
durchbrochene Messingplatinen
Kuckucksruf und Stundenschlag
auf dem Dach angeordnete Glocke
Höhe 50 cm

Nr. 165
Schwarze Biedermeier-Kastenuhr
mit Kuckuck und Augenwenderautomat
für den chinesischen Markt
Ende 19. Jahrhundert
Öl auf Blech: Orientalisches Frauenporträt
metallgespindeltes Geh- und Schlagwerk
durchbrochene Messingplatinen
Kuckucksruf und Stundenschlag auf Tonfeder
Höhe 34 cm

Nr. 166
Lackschild für den türkischen Markt
2. Hälfte 19. Jahrhundert
Im Bogen und den Ecken: Blumenbemalung
türkische Ziffern
Höhe 31 cm

AUSSERGEWÖHNLICHE UHREN AUS DEM SCHWARZWALD

Auf den folgenden Seiten mit Abbildungen außergewöhnlicher Uhren befinden sich solche, die sich in ihrem Schild oder ihrem Gangprinzip von den gängigen, bisher aufgezeigten Uhrentypen stark abheben. Beeindrucken können hier das auffallend lange Pendel (1,50 m) einer Kapuzineruhr, sowie die ungewöhnliche Schildform einer Achttageuhr mit Viertelschlag, in deren oberem Abschluß ein Kelch aufgemalt ist. Ebenso als Einzelstück zeigt sich eine Uhr mit gewohntem Schildumriß, deren Vorderfront jedoch aus Glas besteht, von hinten graviert und verspiegelt. Die dazugehörigen Gewichte sind in gleicher Manier bearbeitet.

Sind die bisher besprochenen Uhren jeweils einem der geläufigen Werk- oder Schildtypen zuzuordnen, so fällt die Franklinuhr in beiderlei Hinsicht aus dem Reigen dieser Uhren heraus. Dieses hier vorgestellte Unikat einer Schwarzwalduhr ist ein Nachbau einer Erfindung des Amerikaners Benjamin Franklin (1706 – 1790).

Das 18. Jahrhundert mit seiner vorherrschenden "Mechanisierung der Weltsicht" war stets bemüht, Uhren noch weiter zu automatisieren und rationaler zu bauen. Zur Steigerung der Rationalität entstand in Europa ein Wettbewerb der Uhrenwissenschaftler, Uhren mit möglichst wenig Rädern zu bauen.

Während verschiedener Besuche in London lernte Franklin den berühmten Astronomen James Ferguson kennen. Er erweiterte seine technischen Kenntnisse, beschäftigte sich mit elektrotechnischen Theorien und erfand Blitzableiter und Kondensator. Von Ferguson zum Bau einer Uhr mit drei Rädern angeregt, er-

fand er 1757 ein Werk, das Stunden, Minuten und Sekunden mit zwei Zeigern angeben konnte.

Wie bei der hier gezeigten Uhr, führt der Zeiger auf der Welle des Kettenrades während vier Stunden eine Umdrehung aus. Auf dem Zifferblatt ist dazu eine Minutenskala von 4 x 1–60 Minuten dargestellt und auf drei konzentrischen Ringen je vier Stunden. Das Kettenrad hat 120 Zähne, das Zwischenrad 72 und der Laternentrieb daran sechs Stifte. Die gleiche Stiftzahl hat der Trieb am Steigrad, das mit dreißig Zähnen in 60 Sekunden eine Umdrehung zurücklegt. Seine Achse trägt vorn den Sekundenzeiger. Der Blechanker des Sekundenpendels übergreift 5 1/2 Zähne. Um die Stunde abzulesen, mußte man durch Abschätzen der Tageszeit selbst entscheiden, ob die Uhr 4, 8 oder 12 wies. 1773 stellte James Ferguson die Uhr erstmals der Fachwelt in "Select Mechanical Exercises" vor.

Peter Kinzing in Neuwied, der für Roentgen-Uhren und -Möbel die Mechaniken baute, hat das Zeigerwerk zur besseren Ablesbarkeit genial verändert. In der Linse des Stunden- und Minutenzeigers ließ er vom Mittelpunkt aus über eine Staffel eine Pfeilspitze so ansteigen, daß die jeweilige Stundenzahl genau angezeigt wurde. Eine Dreiräderuhr von Peter Kinzing in einem Standuhrkasten von David Roentgen, Neuwied um 1790, ist im Württembergischen Landesmuseum Stuttgart ausgestellt.

Wohl brachte Anfang des 19. Jahrhunderts ein heimkehrendes Mitglied einer Englandträger-Kompanie eine eiserne Franklinuhr nach Saig [heute: Lenzkirch-Saig] mit. Der Uhr-

Werkansichten der "Franklin"-Uhr. – BLM

macher Alois Straub (1797 – 1872) machte sich daran, diese Uhr in die gewohnte Form einer Lackschilduhr umzusetzen. Das Kettenrad trägt innen die gegossenen Initialen SCH L, auf der Gegenseite S (Straub ?). Die Birnbaumholzplatinen hatte er zuvor für ein Werk mit Gang und Schlag vorgesehen, was sorgfältig verschlossene Lagerlöcher anzeigen. Die verschraubten Eisenpfeiler, die Pendelaufhängung, die Stollen und die Zeigerformen könnten auf das Original hindeuten, das ihm vorlag. Als Absicherung gegen Verlust hat Straub die Zeiger hinten auf das Schild nochmals aufgezeichnet. Dort hat er auch signiert: "Verfertigt von Alois Straub, Uhrmacher in Saig 1832".

Eine Abschrift dieser Signatur steht auf einem später aufgeklebten Zettel auf der Vorderplatine, ergänzt durch die Zuschrift: "Rept. P. Brugger 1904". [Peter Brugger, 1822–1911, Gestellmacher, Orgelpfeifenmacher und Bürgermeister, war Straubs Schwiegersohn.]

Die Schildausführung ist im Stil der Englandschilder weiß gehalten. Das Zifferblatt ist von vier Männern in den verschiedenen Menschenaltern umgeben. Im Bogen schwebt Chronos mit seinen Attributen von Zeit und Vergänglichkeit.

Silvio A. Bedini kommt in einem Bericht über diese Uhrentypen in "La Suisse Horlogère", Nr. 1, 1963, zu dem Schluß: "Unabhängig von den erreichten oder vergebens gesuchten effektiven Ergebnissen, haben die Uhren mit ein, zwei oder drei Rädern unbestreitbar ein wichtiges Kapitel der Uhrengeschichte begründet. Es handelt sich einmal mehr um ein Abenteuer in der Zeit".

Nr. 167
"Franklin"-Uhr. Sign. "gefertigt durch Alois Straub in Saig im Februar 1832. Rept. P. Brugger 1904"
Lackschild: Im Bogen Chronosmotiv, in den Ecken Darstellung der Menschenalter, zwei gemalte
Zifferblätter für Stunden und Sekunden, metallgespindeltes Gehwerk mit 3 Rädern
Holzplatinenwerk mit eisernen Pfeilern
Höhe 38,5 cm

Nr. 168
Lackschilduhr vermutlich für Sakristei oder Kloster
1. Hälfte 19. Jahrhundert
Händlersignatur: "Gerhard Eckerle"
Schild in barocker Form
im Bogen: Meßkelch mit konsekrierter Hostie
metallgespindeltes Geh- und Schlagwerk
Viertelstundenschlag auf Tonfeder
Höhe 56 cm

Nr. 169
Lackschild
Mitte 19. Jahrhundert
Händlersignatur: "Johann Vöhrenbach, Neustadt"
Schild in barocker Form
im Bogen: Medaillon mit Inschrift
"Aus Achtung und Liebe", in Blumengebinde
in den Ecken Darstellung der vier Jahreszeiten
Höhe 41 cm

Nr. 170
Holzräderuhr, 2. Hälfte 18. Jahrhundert
Verspiegeltes Glasschild mit barockem Aufsatz, verschiedene Verzierungstechniken, im Bogen und in den Ecken:
Tempel- und Stadtansicht, innerer Minutenring, äußerer Stundenring, Gehwerk mit Ankergang und langem
Hinterpendel, Stundenschlagwerk auf Glocke
Höhe 36 cm

"Kuckuck". – Staatliches Naturkundemuseum Karlsruhe

ZUR GESCHICHTE DER SCHWARZWÄLDER KUCKUCKSUHR

Ulrike Schwarz

Herkunft

Die Kuckucksuhr genießt heute weltweite Popularität und ist untrennbar mit der Landschaft des Schwarzwaldes verbunden, ja sogar selbst Symbol für den Schwarzwald geworden. Bei einer spontanen Umfrage würde wohl niemand ihren Herkunftsort anzweifeln, denn sie gilt als die Schwarzwälder Uhr schlechthin und steht stellvertretend für die Uhrenproduktion einer ganzen Region. Daß jedoch vor 1850 nur ungefähr jede hundertste im Schwarzwald hergestellte Uhr eine Kuckucksuhr war und sich dies 100 Jahre später wenig geändert hat, mutet angesichts dieser verbreiteten Meinung um so erstaunlicher an. Daß die Kuckucksuhr wahrscheinlich nicht einmal aus dem Schwarzwald stammt, wie die These heute in Uhrenfachkreisen lautet, trübt vollends das Bild, das mittlerweile auch gern in der Fremdenverkehrswerbung eingesetzt wird. – Die Herkunft der Kuckucksuhr liegt im Ungewissen. Ihre Entstehung wird zwischen 1730 und 1750 datiert, wobei sich fast alle Nachweise auf die Schriften zweier früher Chronisten zur Schwarzwälder Uhrmacherei berufen, die sich jedoch in ihren zentralen Aussagen zur Herkunft der Kuckucksuhr widersprechen. Der Benediktinerpater Franz Steyrer von Kloster St. Peter schreibt in seiner 1796 erschienenen "Geschichte der Schwarzwälder Uhrmacherkunst", daß "um das Jahr 1742" zwei Schwarzwälder Uhrenhändler auf ihrer Handelsreise "... einen Handelsmann aus Böhmen antrafen, welcher hölzerne Gukkuckuhren verkaufte. Diese Neuigkeit, welche ihnen reizend in die Augen fiel, hinterbrach-

ten sie bei ihrer Rückkehr alsbald dem Michael Dilger aus der Neukirch und dem Matthäus Hummel oder Jägerstieger in der Glashütte, welche hierüber sehr erfreut ohne Anstand dergleichen Guckuckuhren nachmachten ... und so gieng schier auf einmal das Guckguckuhrenmachen auf dem Schwarzwalde in Schwunge". Der Triberger Pfarrer Markus Fidelius Jäck behauptet hingegen 1810 in seinen "Darstellungen der Industrie und des Verkehrs auf dem Schwarzwald" eindeutig, daß die Kuckucksuhr eine Schwarzwälder Erfindung sei: "Franz Anton Ketterer von Schönwald verfertigte anfangs der Jahre 1730 eine Uhr, die er mit einem sich bewegenden Vogel zierte, welcher mit dem Gukuk-Ruf die Stunde ankündigte. Die Idee dazu gab ihm der Blasebalg einer Kirchenorgel."

Warum Jäck überhaupt nicht auf die Schrift seines Vorgängers eingeht, und warum Steyrer den Namen "Ketterer" nicht erwähnt, mag daran liegen, daß sich Jäck und Steyrer in einer theologischen Kontroverse feindlich gegenüber standen. Warum jedoch beide Autoren zu solch unterschiedlichen Aussagen kommen, ist ungeklärt. Gerd Bender, der ein Standardwerk zur Schwarzwälder Uhrengeschichte geschrieben hat, fand heraus, daß der Name Franz Anton Ketterer und die Zeitangabe 1730 bei Jäck nicht übereinstimmen, denn dieser wurde erst 1734 geboren. Vermutlich war dessen Vater Anton Ketterer gemeint. Aufgrund der drei genannten Uhrmacher – Michael Dilger, Matthäus Hummel, und (Franz) Anton Ketterer – wird in der Literatur auch eine "unabhängig voneinander erfolgte Mehrfacherfindung" nicht ganz ausgeschlossen. In der ersten Hälfte des 19. Jahrhunderts haben sowohl Steyrers als auch Jäcks Theorien Eingang in die Sekundärliteratur gefunden, wohingegen nach 1850 ein neu gewecktes Heimat- und Nationalbewußtsein entscheidend dazu beitrug, die Entstehung der Kuckucksuhr in den Schwarzwald zu verlegen. Erst heute tritt wieder Steyrers These vom Bau der ersten Kuckucksuhr außerhalb der Schwarzwald-Region in den Vordergrund.

Erste Hinweise auf die Entstehungszeit der Kuckucksuhr um 1750 finden sich auch in den frühen Reiseberichten, beispielsweise in dem Tagebuch des Prälaten Giuseppe Garampi, eines Präfekten des vatikanischen Archivs, der 1762 durch den Schwarzwald zog: "Die Holzuhren werden in dieser Gegend in sehr großen Mengen hergestellt, und wenn sie auch schon früher nicht ganz unbekannt waren, so hat man sie doch jetzt vervollkommnet und begonnen, mit dem Ruf des Kuckucks auszustatten." Ein Herkunftsort wird hier allerdings nicht genannt. Mark Twains Reisebuch von 1878 gab Anlaß dafür, die Heimat der Kuckucksuhr plötzlich in der Schweiz zu suchen. In Luzerner Andenkenläden zeigte sich Twain anfangs höchst begeistert von den originellen Zeitmessern und hätte gleich "am ersten Tag ... am liebsten hundertfünfzig solcher Uhren gekauft" – bald darauf änderte er jedoch seine Meinung und wurde zu ihrem erklärten Gegener. Auch noch im 20. Jahrhundert ranken sich um die Herkunftsgeschichte der Kuckucksuhr immer wieder Legenden. So etwa in Orson Wells Film "Der Dritte Mann" aus dem jahr 1949, in dem ebenfalls die Schweizer für die Kuckucksuhr verantwortlich gemacht wurden. Trotz aller widersprüchlichen Aussagen kann jedoch eines mit Sicherheit behauptet werden: Es waren Schwarzwälder Uhrmacher, die die Kuckucksuhr weiterentwickelt, und Schwarzwälder Uhrenhändler, die sie auf dem internationalen Markt bekannt gemacht haben.

Zwinge für Flötenpfeifen, Kuckuckspfeifen, hölzerner Kuckuck mit beweglichen Flügeln und Schnabel. – Privat

Konstruktion

Die Kuckucksuhr gehört von ihrer Konstruktion her zu den Männle-, Figuren- oder Automatenuhren. Nur der Ruf des Kuckucks macht eine Uhr zur Kuckucksuhr, unabhängig von Werk und Gehäuseform. Als eingebauter Zusatzmechanismus findet er sich in vielen Schwarzwälder Uhrentypen. Er wurde mit den unterschiedlichsten Uhrwerken kombiniert, die sich von Holzräderwerken über Holz-Messing-Werke bis hin zu reinen Metallwerken erstrecken. Warum nun ausgerechnet der Kuckucksruf in die Uhren eingebaut wurde, hängt vermutlich mit seiner leicht nachzuahmendem Tonfolge zusammen, für die nur zwei Töne benötigt werden. Wie schon Jäck erwähnte, könnte der Pfeifen- und Blasebalgmechanismus einer Kirchenorgel dafür Pate gestanden haben. Vorbilder aber waren wohl die schon seit dem 15. Jahrhundert bekannten krähenden Hähne großer Kunstuhren, wie in Prag, Heilbronn, Bern und vor allem Straßburg, deren Stimmen aber weitaus schwieriger zu imitieren waren.

Während der 250-jährigen Kuckucksuhrengeschichte hat sich der einfache und gut ausgetüftelte Kuckucks-Mechanismus kaum verändert. Über zwei gedeckten Lippenpfeifen unterschiedlicher Länge, meist in der Tonfolge einer Quart, manchmal auch einer großen oder kleinen Terz, liegen zwei Blasebälge. Diese sind über einen Hebelmechanismus mit dem Uhrwerk verbunden. Vor dem Schlag werden die Blasebälge durch Drähte nacheinander angehoben, sie füllen sich mit Luft, fallen durch ihr Eigengewicht wieder zusammen und lösen so den Kuckucksruf aus. Dazwischen erfolgt gewöhnlich ein Schlag auf eine Tonfeder oder Glocke. Bei den frühen Kuckucksuhren liegen die Pfeifen oben waagrecht über der Werkplatine, später befinden sie sich dann senkrecht links und rechts neben dem Uhrwerk. Anfangs öffnete sich nur die Tür,

Schwarzwälder Uhrmacher beim Zusammenbau von Kuckucksuhren, um 1910. – Foto-Carle-Triberg

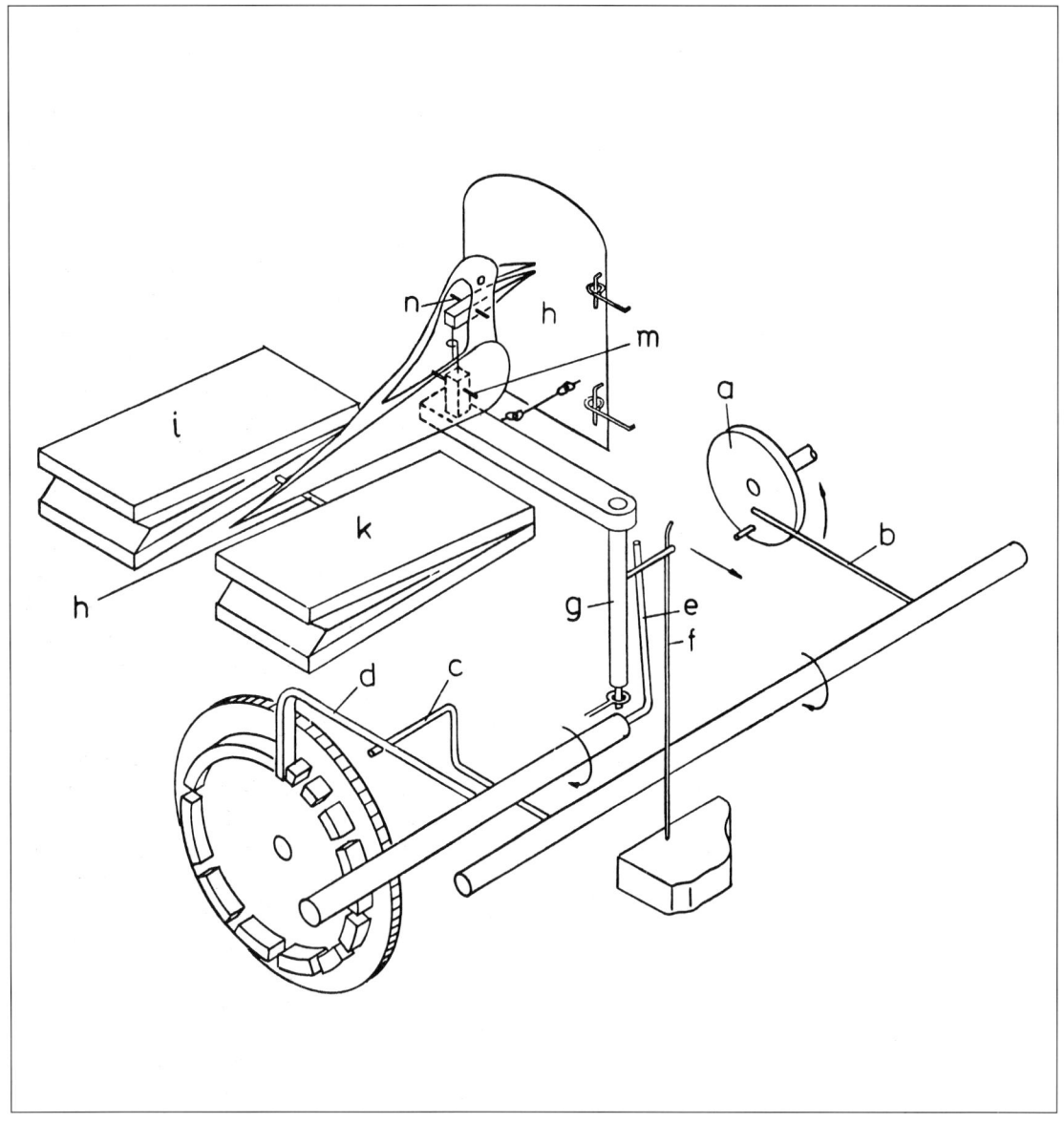

Bewegungsmechanismus des Kuckucks nach Dr. Herbert Jüttemann, Karlsruhe

a   Rad des Gehwerks; der Stift löst das Schloßscheibenschlagwerk aus
b   Auslösehebel
c   Hebel, über Welle mit Hebel b verbunden
d   Sperrhebel für Schloßscheibe
e   Hebel für Vogelbewegung
f   Feder
g   Drehachse
h   Törchen
i, k   Bälge
l   Stift mit Balgdeckel k verbunden
m   Drehachse für Vogel
n   Drehachse für Schnabelunterteil

208

und der Kuckuck bewegte sich nicht. Der bewegliche Kuckuck wird vom Draht des zweiten Blasebalgs unter dem Schwanz hochgehoben und nach vorne gekippt. Das Flügelspreizen und Öffnen des Schnabels steuern Drähte im Körper des Vogels. Bei Uhren mit Kuckucksecho ertönt etwas versetzt ein zweiter Ruf. Ende des 19. Jahrhunderts kam zum Kuckucksruf noch eine Wachtel hinzu, deren "Tirili" nur von einer Pfeife durch drei gleiche Töne erzeugt wird. Die Wachtel kündigt die Viertelstunden an, während der Kuckuck nur die vollen Stunden ausruft.

Aussehen

Wie sieht die Kuckucksuhr aus? Das weltweit verbreitetste Klischee dürfte das von der hölzernen Kuckucksuhr in Hausform mit geschnitzten Waldtieren und Eichenlaub sein. Diese "Bahnhäusle-Kuckucksuhr" ist mit Sicherheit das erfolgreichste Modell, doch letztendlich gibt es die Kuckucksuhr in fast allen Gehäuseformen, die von Schwarzwälder Uhrmachern entwickelt worden sind. Bei den frühesten Kuckucksuhren ist in der Regel vor das Uhrwerk ein verziertes Holzbrett als Schild montiert. Diese Uhren können jedoch keinem verbindlichen Gehäusetyp zugeordnet werden, da sie teilweise sehr individuell gestaltet sind, beispielsweise mit Bemalung direkt auf Holz oder aufgeklebtes Papier oder mit plastischer Schildgestaltung und barocken Formenelementen. Mit der Lackschild-Uhr kam dann seit 1780/90 erstmals ein einheitliches Gehäusedesign auf, das bis zur Mitte des 19. Jahrhunderts im Schwarzwald überwog. Beim "Lackschild-Kuckuck" befindet sich das Kuckuckstürchen im Bogen über dem fast quadratischen Schild. Die zwischen 1840-70 entstandenen Rahmenuhren mit Blechschildern oder geprägten Messingfronten sind nur relativ selten mit dem Kuckucksruf ausgestattet worden. Noch rarer sind schlichte Rahmenuhren, die neben dem Kuckucksruf noch einen Augenwender-Automaten enthalten. Nach 1850 kommen Kuckucksuhren in Biedermeierform auf den Markt. Hier wird eine Rahmenuhr mit gedrehten oder gedrechselten Auf- und Untersätzen kombiniert, wobei sich der Kuckuck meist im Aufsatz befindet.

Ein vollkommen eigener Gehäusetyp für die Kuckucksuhr kam mit der Bahnhäusleuhr um 1860 auf. Sie entstand – wie schon die Rahmen- und Biedermeieruhr – im Zuge der Erneuerungsbewegung in der Schwarzwälder Uhrmacherei, deren Krise um die Jahrhundertmitte durch neue Uhrengehäuseformen behoben werden sollte. Dabei ist auch die aus der Mode gekommene Lackschilduhr abgelöst worden. Die neuen Gehäuseformen wurden an der 1850 in Furtwangen gegründeten Uhrmacherschule zusammengetragen, deren Leiter Robert Gerwig die "vaterländischen Künstler" zu einem Ideenwettbewerb für neue Uhren aufrief. Die Grundform der Bahnhäusleuhr ähnelt einem Haus, das mit hölzernen Schmuckelementen verziert ist. Wie der Kuckuck in das Häuschen kam, ist unbekannt. Vorbilder für diese neue Gehäuseform waren jedoch die Entwürfe für Bahnwärterhäuschen des Architekten Friedrich Eisenlohr (1805 – 1858). Er hatte eine Professur am Polytechnikum in Karlsruhe, war Regierungsbeauftragter für die Hochbauten der badischen Staatseisenbahn und beteiligte sich an dem Wettbewerb. Die frühen Bahnhäusle-Kuckucksuhren sind recht schlicht gehalten. Häufig ist ein Emailzifferblatt in ein bemaltes Blechschild eingefügt und die Hausgrundform mit Laubsägedekorationen verziert. Nach und nach entwickelt sich daraus die klassische Bahnhäusle-Kuckucksuhr mit hölzernen Zifferblättern, hellen Beinzeigern und -ziffern, Tannenzapfengewichten und reichen tiefen Schnitzereien. Schon bald entstehen auch mit Schnitzereien überladene Gehäuse, bei denen die eigentliche Hausform überdeckt ist. Immer wieder erscheinen Dekorationen mit Wald- und Jagdmotiven in Form von Waldtieren, erlegten Tieren, gekreuzten Gewehren und Jagdtaschen sowie pflanzliche Ornamente, wobei sich Reblaub mit Efeu- und Eichenlaub abwechselt. Vögel oder andere Tiere bilden die Dachbekrönung. Nach der Bahnhäusleuhr konnte sich kein anderer Gehäusetyp mehr

Werbeprospekt. – Privat

auf dem Markt durchsetzen. Trotz mancher Kritik an den teilweise groben Geschmacksverirrungen, was die Art und Qualität der Schnitzerei anbelangt, verdrängte die Bahnhäusleuhr nach 1860 alle anderen Figurenuhren. Eine Form war geschaffen, die im Vergleich zur vorherigen Lackschilduhr ein weitaus größeres Spektrum an Variationsmöglichkeiten bot und zugleich Gefallen bei den Kunden fand. Gegen 1870 erfaßte die Strömung des Historismus auch die Gehäusegestaltung der Kuckucksuhr. Dekorationselemente vergangener Stilepochen, vor allem aus der Renaissance und der Gotik, wurden wieder aufgegriffen: Konsolen, Geländer, Voluten, Wappenschilde und Friese aus dem architektonischen Bereich ergänzten geometrische Ornamente. Viele Uhren ähnelten kleinen Bauwerken und waren daher – oft auch ohne Kuckuck – in großbürgerlichen Salons willkommen. Die Anhäufung von Dekorationselementen war typisch für das ausgehende 19. Jahrhundert. Zum Stilpluralismus kam in den 1890er Jahren noch der Jugendstil hinzu, der jedoch die Entwicklung der Bahnhäusleuhr ebenfalls nicht nennenswert beeinflussen konnte.

Fertigung

Das Herstellungszentrum der Kuckucksuhren liegt im nordöstlichen Teil des Schwarzwaldes, vor allem im Raum um Triberg und Schonach. Obwohl sich die Kuckucksuhr schon Ende des 18. Jahrhunderts einer großen Beliebtheit erfreute, lag ihre Fertigung bis zur Mitte des 19. Jahrhunderts nur in den Händen von besonders befähigten Meistern, deren Anzahl nicht sehr groß war.

Nur acht von 120 Ausstellern sollen 1858 auf der Schwarzwälder Industrieausstellung in Villingen Kuckucksuhren angeboten haben. Bis zur ersten Hälfte des 19. Jahrhunderts stellte der Uhrmacher im Hausgewerbe zum großen Teil noch "ganze Uhren" her, was bedeutet, daß beispielsweise auch Kuckuckspfeifen selbst in der Werkstatt angefertigt wur-

den. Allmählich aber setzte sich eine für den Schwarzwald typische Arbeitsteilung durch, die sich auch bei der Herstellung von Kuckucksuhren zunehmend verfeinerte.

Die Vögel wurden meist von Frauen geschnitzt und bemalt. Hinzu kam der Pfeifenmacher, der Kuckuckswerkmacher und der Kastenschreiner. Der eigentliche Kuckucksuhrmacher bezog die Hauptteile, arbeitete die Werke nach und setzte die Kuckucksuhr zusammen. In der zweiten Hälfte des 19. Jahrhunderts machte sich jedoch auch der langsame Niedergang des Schwarzwälder Hausgewerbes bei der Kuckucksuhrenproduktion bemerkbar. Uhrenfabriken für Kuckucksuhren wie Fürderer & Jägler in Neustadt sowie Philipp Haas Söhne in St. Georgen konnten die Nachfrage nach billigeren Massenartikeln befriedigen, und viele Uhrmachermeister waren gezwungen, ihre unrentablen Kleinbetriebe aufzugeben. Nur wenigen Unternehmen gelang es daraufhin durch Spezialisierung auf eine Uhrenart und mit guter Qualitätsarbeit die Uhrenproduktion aufrecht zu erhalten. Hierzu zählen die größeren Kuckucksuhren-Werkstätten von Johann Baptist Beha in Eisenbach und Fidel Hepting in Gütenbach, deren Betriebe über den Rahmen des üblichen Hausgewerbes hinausgewachsen waren. Der Betrieb von Beha zeichnete sich besonders durch die Herstellung von hochwertigen Federzug-Kuckucksuhren aus, die eher selten waren und hohe Preise erzielten.

Werbekarte. – Privat

Die meisten Kuckucksuhren wurden mit Gewichtantrieb gebaut. Von Anfang an zählten sie zu den teureren Schwarzwalduhren. Kostete 1838 eine 24 Stunden gehende Uhr mit Messingrädern und -ketten ca. 2 fl. 54 kr., so lag der Preis für die Kuckucksuhr mit demselben Werk schon bei 4 fl. 40 kr.

Erfolg

Die große Zeit erlebte die Kuckucksuhr in der zweiten Hälfte des 19. Jahrhunderts. Trotz kleiner Marktschwankungen wurde ihre Produktion während der fast 250-jährigen Geschichte bis heute nicht unterbrochen. Sie war in Schlössern ebenso beliebt wie in bürgerlichen und bäuerlichen Haushalten, und noch immer erklingt der Ruf der mechanischen Kuckucksuhr in aller Welt, obwohl mit der Quarzuhr heutzutage auch der elektronisch erzeugte Vogelruf technisch machbar ist. Um 1985 entstand mit der "Baumstamm-Form" ein neuer Gehäusetypus.

Doch neue Formen haben auf dem Markt bis heute keinen sonderlichen Erfolg. Selbst Versuche, andere Tierstimmen ertönen zu lassen, konnten sich nicht durchsetzen. Immer noch ist es die Bahnhäusleuhr, ob als identische Nachbildung historischer Formen oder in verkitschter Ausführung mit buntem Kunststoffgehäuse, die manches Käuferherz höher schlagen läßt. Doch worin ist der weltweite Erfolg der Kuckucksuhr begründet? Ist es einfach nur die Harmonie der beiden aufeinanderfolgenden Töne? Ist es der natürlich wirkende Klang des Vogelrufes, der in uns heimatliche Gefühle oder Empfindungen von Geborgenheit und Vertrautheit wachruft? Ist es der Gefallen an einer technischen Spielerei, die von den Menschen des 18. und 19. Jahrhunderts noch als geheimnisvolles Meisterwerk angesehen wurde? Oder ist die Kuckucksuhr vielleicht nicht mehr nur Zeitmesser, sondern längst zu einer Art Souvenir geworden?

Auf jeden Fall importierte die Schweiz schon vor hundert Jahren Kuckucksuhren für Touristen. Kuckucksuhren als Andenken an Deutschland brachten auch amerikanische Soldaten in den 50er Jahren dieses Jahrhunderts mit nach Hause. Dort mußten die Uhren oft auch als Werbegeschenke herhalten. Dies ging soweit, daß sich eine amerikanische Getränkefirma um eine Kuckucksuhr bemühte, die den Ruf "Coca Cola" von sich geben sollte. Hierzulande dagegen sind es die während der letzten 15 Jahre entstandenen "größten Kuckucksuhren der Welt" in Gestalt begehbarer Kuckucksuhren-Häuser, die den vorläufigen Schlußpunkt in der Entwicklung dieses so speziellen Zeitmessers markieren.

Nr. 171
Holzräder-Waaguhr mit Automat
Wohl fränkisch oder bömisch
Anfang 18. Jahrhundert
Gemalte Gebäudeansichten mit
verschiedenen Automaten und Anzeigen:
Stunden, Minuten, Mondphasen
Gehwerk mit Balkenwaag
Viertelstunden- und Stundenschlag auf Glocken
Kuckucksruf und bewegliche Figuren
Höhe 43 cm

Nr. 172
Holzräder-Kuckucksuhr. Um 1730
Barock bedrucktes Papierschild, handkoloriert, Gehwerk mit Spindelgang und kurzem
Vorderpendel, Kuckucksruf mit obenliegenden Pfeifen, Stundenschlag auf Glocke
Höhe 37 cm

Nr. 173
Lackschild-Kuckucksuhr. Um 1830/40
Bemaltes Schild mit Apfelrosen und Säulen, holzgespindeltes Geh- und Schlagwerk
Kuckucksruf mit obenliegenden Pfeifen, Stundenschlag auf Glocke
Höhe 38 cm

Nr. 174
Wanduhr mit Kuckuck
"Herrenhäusle", Mitte 19. Jahrhundert
Johann Baptist Beha, Eisenbach
metallgespindeltes Geh- und Schlagwerk
typisches Beha-Werk, Kuckucksruf
Halbstundenschlag auf Tonfeder
Höhe 43 cm

Nr. 175
Stockuhr mit Kuckuck und Augenwenderautomat
Biedermeierform. 1. Hälfte 19. Jahrhundert, vermutlich Ketterer oder Hepting
Öl auf Blech: 2 Vögel, metallgespindeltes Geh- und Schlagwerk, fliegende
Federhäuser, Kuckucksruf, Halbstundenschlag auf Tonfeder
Höhe 40 cm

Nr. 176
Wanduhr mit Kuckuck
Bahnhäusleform
Mitte 19. Jahrhundert
Johann Baptist Beha, Eisenbach
Öl auf Blech: Wirtshausszene
Spruch: "Ne freudig Stündle ..."
metallgespindeltes Geh- und Schlagwerk
typisches Beha-Werk, Kuckucksruf
Halbstundenschlag auf Tonfeder
Höhe 46 cm

Nr. 177
Wanduhr mit Kuckuck
Bahnhäusleform
um 1860
Öl auf Zinkblech: Zecherszene
Spruch: "Es leb de Markgraf und si Hus ..."
Laubsägearbeiten mit vergoldeten Verzierungen
metallgespindeltes Geh- und Schlagwerk
Kuckucksruf, Halbstundenschlag auf Tonfeder
Höhe 45 cm

Nr. 178
Wanduhr mit Kuckuck
Bahnhäusleform
Mitte 19. Jahrhundert
vermutlich Ketterer oder Hepting
Öl auf Blech: Kirchgängerin auf dem Heimweg
metallgespindeltes Geh- und Schlagwerk
Kuckucksruf, Halbstundenschlag auf Tonfeder
Höhe 37 cm

Nr. 179
Wanduhr mit Kuckuck
Bahnhäusleform
Mitte 19. Jahrhundert
vermutlich Ketterer oder Hepting
Öl auf Blech: Angler am See
metallgespindeltes Geh- und Schlagwerk
Kuckucksruf, Halbstundenschlag auf Tonfeder
Höhe 37 cm

Nr. 180
Wanduhr mit Wachtel
Bahnhäusleform
um 1860
Öl auf Blech: Knabe und Mädchen
mit Vogelbauer an einem Baumstumpf
metallgespindeltes Geh- und Schlagwerk
Wachtelruf, Stundenschlag auf Tonfeder
Höhe 40 cm

Nr. 181
Stockuhr mit Kuckuck
2. Hälfte 19. Jahrhundert, sign. "Johann Baptist Beha". Geschnitzte Vorderfront: Schnepfen, Rehe
metallgespindeltes Geh- und Schlagwerk, Federzug, Kuckucksruf, Halbstundenschlag auf Tonfeder
Höhe 45 cm

UND EWIG TICKEN DIE WÄLDER?

EIN NACHWORT

Dr. Peter Rastätter

Historie

"Schwarzwald" – wo immer man auf der Welt mit dieser Bezeichnung etwas anzufangen weiß, verknüpft man diesen Begriff sofort mit der Kuckucksuhr. Ob in den USA, Japan, Indonesien – überall ist der Schwarzwald untrennbar mit Uhren oder der Uhrenherstellung verbunden.

Als vor nahezu drei Jahrhunderten der Grundstein zu der späteren industriellen Uhrenfertigung gelegt wurde, begnügten sich die Menschen mit der Viertelstundenanzeige.

War zunächst noch die Uhr ein einzelgefertigtes Handwerkstück, so fand doch sehr bald eine Spezialisierung der Herstellung auf Einzelteile, wie Schilder, Gestelle, Zahnräder usw. statt. Der Schwarzwälder Uhrmacher fügte die Teile lediglich zu funktionsfähigen Einheiten zusammen. Diese Strukturierung wurde zur Schwarzwälder Uhrenindustrie perfektioniert. Eine raffinierte, einfache Technik – oder besser eine einfach raffinierte Technik – ließ aus Holz und Draht Zeitmesser entstehen, welche im Laufe der Jahre in immer größeren Stückzahlen gefertigt wurden.

Die Nutzung von Vertriebswegen, wie die der Glasindustrie, aber auch die verkehrsgünstige Lage des Schwarzwaldes förderten die weltweite Verbreitung dieses Uhrentyps. Steigende Stückzahlen produzierter Uhren beeinflußten die Entwicklungen von Fertigungstechniken. Ohne die Erfindung der Spindelbohrmaschine zum Beginn des 18. Jahrhunderts wäre eine einfache Herstellung eines Laternenbetriebes nicht vorstellbar gewesen. Die Kettenmaschine verringerte ab 1837 nicht nur die Fertigungszeiten sondern auch die Zahl der Arbeitskräfte, welche bis dahin mit der Herstellung von Uhrenketten beschäftigt waren.

Maler wie Hans Thoma, Johann Nepomuk Heinemann oder Lucian Reich halfen die Schwarzwalduhr nach dem Zeitgeschmack auszurichten. Die Bahnhäusleform des Friedrich Eisenlohr, Baurat in Karlsruhe, überlebte bis heute in der Kuckucksuhr.

Größere Werkstätten, örtliche Konzentration der Fertigungsbetriebe sowie größere Stückzahlen, bei gleichzeitig weniger an der Uhrenherstellung beteiligten Menschen,

Uhrschild aus Papier: Lithographie von J.N. Heinemann nach einem Entwurf von Lucian Reich. – Privat

Kaminuhr, Lenzkirch AGU, um 1880. – Privat

Baby-Wecker, Marke "Pfeilkreuz", Modell "Pilot" um 1900. – Privat

kennzeichnen die Uhrenindustrie zur Wende ins 20. Jahrhundert. Moderne Fertigungstechniken und Fertigungsabläufe lassen Uhren kostengünstig in großer Anzahl entstehen. Aus dem einst handwerklichen Kleinkunstwerk wird ein für jedermann erschwinglicher Gebrauchsgegenstand – ein Wegwerfartikel.

Ist die Kunst der Schwarzwälder Uhrmacher heute noch als funktionierende Uhren mit hölzernen Räderwerken, gläsernen Glocken oder kunstvoll bemalten Lackschildern zu bewundern, wurde der in Massen produzierte Baby-Wecker Opfer einer konsumorientierten Gesellschaft. Einmal defekt, wurde der Wekker wenige Male repariert, um dann als unmoderner Zierrat – oder, weil eine Reparatur teurer wurde als die Neubeschaffung – weggeworfen zu werden.

Gegenwart

Schnell fortschreitende technische Entwicklungen bis zur heutigen, hochgezüchteten Halbleitertechnik formten signifikant das Innenleben der Uhr. Ein elektronischer Winzling, Abfall der Computertechnologie, erzeugt problemlos mehr Indikationen als je mit einer "Grande Complication" möglich waren. Als Widerspruch zum Stand der Technik scheint es, daß Menschen sich gerade in dieser Zeit an traditionelle Handwerkskünste erinnern und längst vergessene unwirtschaftliche Fertigungspraktiken wieder erlernen und ausüben. Dieses Besinnen auf traditionelles Handwerk jedoch sichert das Überleben mechanischer Kostbarkeiten vergangener Jahrhunderte.

Die alte Schwarzwälder Bogenschilduhr kann heute noch gepflegt und instand gesetzt werden. Lackschilder werden in alter Technik neu bemalt, Zahnräder gefräst, Achsen gedreht, bis die defekte Uhr als Schmuckstück dem Sammler wieder zuverlässig die Zeit anzeigt. Die wiedererlernte Kunstfertigkeit reicht bis zur nahezu perfekten Nachbildung von Sammlerstücken.

Doch wieviele gut erhaltene Baby-Wecker sind heute noch vorhanden? Wieviele dieser reparaturbedürftigen Massenprodukte werden wieder gangbar gemacht? Der Aufwand steht hier häufig in keinem Verhältnis zum tatsächlichen Wert dieser Uhren und so bleibt der Baby-Wecker, obwohl er mit den zur Verfügung stehenden Mitteln im alten Glanz erscheinen könnte, bis zur Entrümpelung in einer Speicherecke liegen.

Die Nutzung der modernen Quarz- oder Funkuhr ist häufig nicht länger als die Lebensdauer der Batterie, welche sie antreibt. Der Wert der Maschinen und Werkzeuge zur Herstellung solcher Uhren und ihrer Bauteile beträgt mehr als das hunderttausendfache des Wertes der mit ihrer Hilfe hergestellten Bauteile. Wird je ein defekter Halbleiterbaustein repariert werden? Die rasante technische Entwicklung wird die verwendeten elektronischen Bauteile in wenigen Jahren zu Uralt-Schrott abstempeln. Der Weg zur Entsorgung als Sondermüll ist vorgegeben.

Es ist nicht anzunehmen, daß unsere Nachfahren in zwei oder drei Jahrhunderten Quarz- oder Funkuhren, Baujahr 1995, noch in Funktion erleben werden.

Die technische Weiterentwicklung ließ das Ticken der Uhren verstummen. Mit dem Ticken verschwand aber auch die Uhr, welche, wie die Schwarzwalduhr, Generationen von Menschen überlebte.

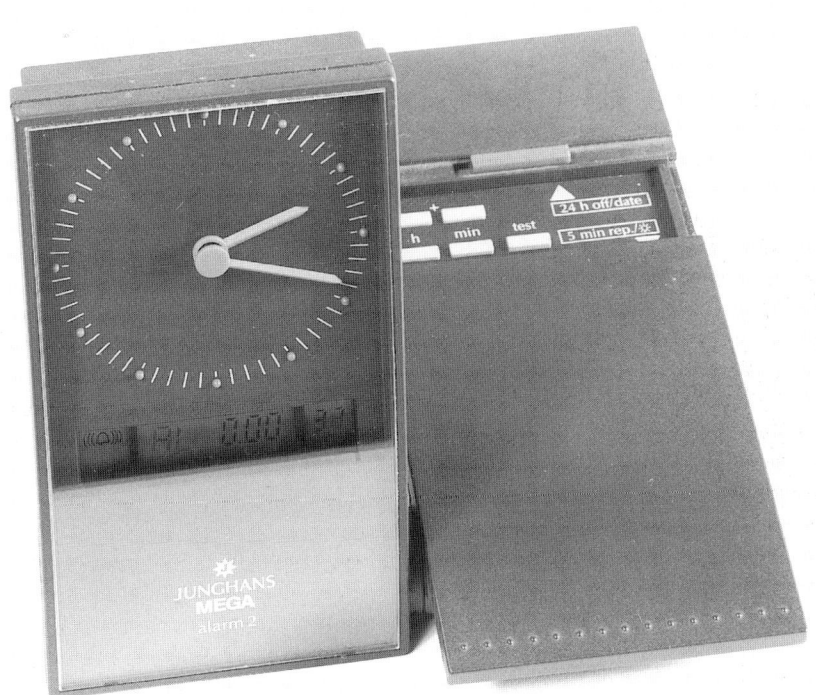

Funkuhr Junghans Mega Alarm 2. – Privat

Junghans Mega Solar Ceramic. – Fa. Junghans

BIBLIOGRAPHIE

(in Auswahl)

Bauer, Heinrich (Hrsg.): Schwarzwälder Adreßkalender für das Jahr 1845, Statistisches Handbuch etc. Neustadt o.J. (1844).

Bender, Gerd: Die Uhrenmacher des hohen Schwarzwaldes und ihre Werke, Bd. I Villingen 1975, 2. Aufl. 1979. Bd. II Villingen 1978.

Dietz, Rudolph: Die Gewerbe im Großherzogtum Baden. Ihre Statistik, ihre Pflege, ihre Erzeugnisse. Karlsruhe 1863.

Dietz, Rudolph u.a.: Kommissionsbericht über die Schwarzwälder Industrieausstellung zu Villingen im Spätjahr 1858, nebst Beiträgen zur Geschichte der Industrie auf dem badischen Schwarzwalde. Karlsruhe 1858.

Einige Worte über die Bewegungen der Industriellen des Badischen Schwarzwaldes im Jahre 1847. Villingen o.J. (1847).

Gewerbeblatt für den Schwarzwald. Furtwangen 1 (1852)-5 (1856).

Gothein, Eberhard: Wirtschaftsgeschichte des Schwarzwaldes und der angrenzenden Landschaften. 1. Bd.: Städte- und Gewerbegeschichte. Straßburg 1892. (2. Bd. nicht erschienen).

Herz, Franz; Helmut Kahlert: Vom Hausgewerbe zur Uhrenfabrik. Kommentierte Gutachten von Romulus Kreuzer (1856) und Franz Reuleaux (1875) zur Lage der Schwarzwälder Uhrmacherei. (Furtwanger Beiträge zur Uhrengeschichte, Bd. 5). Furtwangen 1989.

Jäck, Markus Fidelis: Historische Darstellungen der Industrie und des Verkehrs auf dem Schwarzwalde. In: Magazin für Handlung, Handlungsgesetzgebung und Finanzverwaltung ... 1 (1810) S. 65 – 75, S. 296 – 309; 2 (1811) S. 226 – 236, S. 545 – 549; 6 (1815) S. 269 – 285. Abgedruckt bei Bender, Bd. 2, in der Fassung des Nachdrucks von 1826, S. 441 ff.

Jahresberichte der Großherzog. Badischen Uhrmacherschule zu Furtwangen. 1 (1850/51)-14 (1863/64). Karlsruhe (1851 – 1864).

Jüttemann, Herbert: Die Schwarzwalduhr. 3 Aufl. Karlsruhe 1990.

Kahlert, Helmut: Bibliographie zur Schwarzwalduhr. Furtwangen 1984. (Furtwanger Beiträge zur Uhrengeschichte, Bd. 3).

Kahlert, Helmut: 300 Jahre Schwarzwälder Uhrenindustrie. Gernsbach 1986.

Kainer, Helmuth: Holzuhren. Vergleichende Untersuchungen an Schwarzwälder und Schweizer Holzuhren. (Furtwanger Beiträge zur Uhrengeschichte, Bd. 2). Furtwangen 1981.

Kistner, Adolf: Die Historische Uhrensammlung Furtwangen. Furtwangen 1925.

Ders.: Die Schwarzwälder Uhr. Karlsruhe 1927.

Kochmann, Karl: The Black Forest Cuckoo Clock. Concord (California) 1978.

Kurz, Peter (Hrsg.): 200 Jahre Schwenninger Uhren 1765 – 1965. (4. Bd. der Schriftenreihe der großen Kreisstadt Schwenningen.) Schwenningen o.J. (1965).

Loomes, Brian: Watchmakers and Clockmakers of the World, Vol. 2. Second Edition. Colchester (Essex) 1989.

Loth, Hermann: Die Uhrenindustrie im badischen Schwarzwald. In: Hausindustrie und Heimarbeit in Deutschland u. Österreich. 1. Bd. (Schriften des Vereins für Sozialpolitik, 84). Leipzig 1899, S. 249 – 348.

Meitzen, August: Über die Uhren-Industrie des Schwarzwaldes. Diss. Breslau 1848. Erweiterter Nachdruck mit Tabellen. In: Alemannia 28 (1900), S. 1 – 78.

Mischler, Peter: Der Schwarzwald. Ein Blick in die volkswirtschaftlichen Zustände des badischen Oberlandes. Frankfurt 1851.

Mühe, Richard, u.a.: Kuckucksuhren. München/Furtwangen 1988.

Musterblätter für die Uhrenschildmaler des Schwarzwaldes. 1. Heft entworfen von Heinrich Frank und Lucian Reich. 2. Heft entworfen von Heinrich Frank, Josef Heinemann und Lucian Reich. Hüfingen 1850/51.

Ortenburger, Rick: Black Forest Clocks. West Chester (Pennsylvania) 1991.

Palmieri, Gregorio D. (Hrsg.): Viaggio in Germania, Baviers ... Diario del Cardinale Guiseppe Garampi. Roma. Tipografia Vaticana 1889. Übersetzt in: Weech, Friedrich von: Römische Prälaten am Deutschen Rhein 1761 – 1764. In: Neujahrsblätter der Badischen Historischen Kommission. Neue Folge 1. Heidelberg 1898.

Poppe, Adolph: Die Schwarzwälder Uhrenindustrie nach ihrem Stand im Jahre 1838; technisch und statistisch dargestellt in: Polytechnisches Journal 75 (1840), S. 273 – 296, S. 350 – 380, S. 431 – 443.

Poppe, Johann Heinrich Moritz: Etwas zur Geschichte der Uhrmacherkunst im Schwarzwald und über den Handel jenes Landes mit den sog. hölzernen Uhren. In: Journal für Fabrik, Manufaktur, Handlung und Mode, 17 (1799), S. 33 – 40.

Schaaf, Berthold: Holzräderuhren. München 1986.

Ders.: Schwarzwalduhren, 3. Aufl. Mit Verzeichnis Schwarzwälder Uhrengewerbler, etwa 3.000 Namen. Karlsruhe 1995.

Schneider, Wilhelm: Zur Entstehungsgeschichte der Kuckucksuhr. In: Alte Uhren (1985) 3, S. 13 – 21.

Schott, Karl: Die Schwarzwälder Uhrmacherei. Weltausstellung Wien 1873 (Furtwangen) o.J. (1873).

Schultheiß, Johann Georg: Widerlegung einiger irriger Ansichten der Karlsruher Zeitung über das Uhrengeschäft des Schwarzwaldes. In: Uhrengewerbsblatt für den Schwarzwald (1847), S. 71f.

Schwarzwälder Adressenbuch nach dem Stand vom 1. Oktober 1846. Statistische Übersicht etc. Neustadt o.J. (1847).

Schwarzwälder Adreßkalender für das Jahr 1860. Statistische Übersicht etc. Neustadt o.J. (1859).

Schwarzwälder Gewichtuhren und Zugfeder-Uhren. 16 Tafeln. Beilage zum Gewerbeblatt für den Schwarzwald. O.O. o.J. (1852/56).

Steyrer, Franz: Geschichte der Schwarzwälder Uhrmacherkunst, nebst einem Anhange von dem Uhrenhandel derselben. Freiburg 1796. Nachgedruckt in Bender, Bd. 2, S. 375 ff.

Tyler, John E.: Black Forest Clocks. London 1977.

Uhrengewerbsblatt für den Schwarzwald. Amtliches Organ des Uhrengewerbe-Vereins. Beilage zum Schwarzwälder. Villingen 1 (1847) – 3 (1849).

ARCHIVALIEN

Vorstellung des Obervogts Huber zu Triberg und des Kaplans Zierholz zu Neustadt, die Uhren Commerz Constitition auf dem Schwarzwald betreffend. 7. Oktober 1814. Generallandesarchiv Karlsruhe, 383 Bez. Amt Villingen Zug. 1936, Nr. 9, Fasz. 11.

Statistik der Schwarzwälder Industrie nach dem Stande von 1843. 1. August 1843. Generallandesarchiv Karlsruhe 236/5847.

Bericht des Regierungsdirektors Dr. Kern in Constanz in Betreff der Uhrenfabrikation auf dem Schwarzwalde. 8. April 1843. Generallandesarchiv Karlsruhe. 383 Bez. Amt Villingen Zug. 1936, Nr. 9, Fasz. 11.

Weiteres Gutachten des Regierungsdirektors Dr. Kern in Constanz in Betreff der Uhrenfabrikation auf dem Schwarzwalde. 25. Oktober 1844. Generallandesarchiv Karlsruhe 236/5847.

Jahresbericht des Gewerbevereins Furtwangen. 1871. Furtwangen, den 14. Februar 1872. Der Vorstand K. Schott. Generallandesarchiv Karlsruhe 236/9719.

Beschreibung der Einrichtung, resp. der Werkzeuge eines Uhrmachers für Schwarzwälder Holzuhren von Conr. Rogg, sog. Weberle-Conrad in Falkau 1897. Stadtarchiv Villingen-Schwenningen. Spiegelhalder Sammlung.

Weitere erfolgreiche Titel aus
unserem vielseitigen Verlagsprogramm

Lirum.Larum.Löffelstiel · Die Puppenküche im Wandel der Zeiten. Begleitpublikation zur gleichnamigen Ausstellung der Volkskundlichen Abteilung des Badischen Landesmuseums im Schloß Bruchsal. Herausgegeben von Dr. Wolfram Metzger. Vorwort von Prof. Dr. Harald Siebenmorgen, Textbeitrag von Prof. Dr. Manfred Bachmann. 192 Seiten, 66 s/w-Abbildungen, 119 Farbtafeln, Paperback.

Vom Marktstand zum Supermarkt · Puppenwelt und Wirklichkeit. Begleitpublikation zur gleichnamigen Ausstellung der Volkskundlichen Abteilung des Badischen Landesmuseums im Schloß Bruchsal. Herausgegeben von Dr. Wolfram Metzger und Prof. Dr. Manfred Bachmann. Mit einem Vorwort von Prof. Dr. Harald Siebenmorgen, 192 Seiten, 180 Abbildungen, überwiegend farbig, Paperback.

Drehorgeln. Schaurig-Schön. Begleitpublikation zur gleichnamigen Ausstellung der Volkskundlichen Abteilung des Badischen Landesmuseums im Schloß Bruchsal. Herausgegeben von Dr. Wolfram Metzger. Mit einem Vorwort von Prof. Dr. Harald Siebenmorgen und einer Anmerkung von Dr. Karlheinz Klimt. 216 Seiten, 200 Abbildungen, überwiegend farbig.

von erd bin ich gemacht · Gestaltete Baukeramik, Ofenwandplättchen und Feierabendziegel. Katalog zur gleichnamigen Ausstellung des Badischen Landesmuseums im Schloß Bruchsal. Mit Beiträgen von Dr. Wolfram Metzger, Elke Osterloh-Gessat, Kira Kokosa, Brigitte Heck, Dr. Karl Kempf und Wolfgang Knobloch. 160 Seiten, 94 farbige und 52 schwarz/weiß-Abbildungen, Paperback.

Musikautomaten. Museumsführer durch das Museum Mechanischer Musikinstrumente im Schloß Bruchsal. 52 Abbildungen, überwiegend farbig.

Peter Burger · Keramik, Werkkatalog. Begleitpublikation zur gleichnamigen Ausstellung im Museum der Majolika-Manufaktur Karlsruhe. Herausgegeben in Zusammenarbeit mit dem Badischen Landesmuseum. Mit einer Einführung von Peter Schmitt M.A., 104 Seiten, 60 Farb-, 20 schwarz/weiß-Abbildungen.

Picasso Live · Fotografien von Edward Quinn. Herausgegeben in Zusammenarbeit mit der Städtischen Galerie Karlsruhe PrinzMaxPalais. Mit einem Vorwort von Andreas Franzke. Kunstband, Großformat, 79 Fotos, 176 Seiten.

Beispiele, Bilder und Plastiken aus dem Besitz des Regierungspräsidiums Karlsruhe. Begleitpublikation zur gleichnamigen Ausstellung des Kunstvereins "Das Damianstor" im Schloß Bruchsal. Mit Textbeiträgen von: Regierungspräsident Dr. Karl Miltner, Oberbürgermeister Bernd Doll, Dr. Wolfgang Vivell und Johannes Bürger. 100 Seiten, 80 Abbildungen, überwiegend farbig, Paperback.

Die Bauhaus-Künstlerin Margaret Leiteritz Gemalte Diagramme – Mit Beiträgen von Klaus E.R. Lindemann, Hans Fischli, Dr. Peter Hahn, Toni Peter Kleinhans, Dr. H.P. Mühlmann – Galerie Karlsruher Künstler. 120 Seiten, 40 Farbmotive, gebunden. 2. Auflage.

Ulrich J. Sekinger · Von der Sichtbarkeit des Unsichtbaren. Werkkatalog. Begleitpublikation zu den Ausstellungen in Karlsruhe, Marbach, Wörth und Lahr. Einführung: Dr. Daniel Kupper und Günther Diel. 120 Seiten, 96 Bildtafeln, überwiegend farbig, Großformat.

Hartmut Gampp · Werkkatalog. Malerei, Objekte, Environments. Begleitpublikation zu den Ausstellungen in Bonndorf, Halle und Karlsruhe. 120 Seiten, 40 Farbtafeln, Großformat.

Hartmut Gampp · Werkkatalog. Frottagen und Zeichnungen. Begleitpublikation zu den Ausstellungen in Halle und Karlsruhe. 120 Seiten, 55 Bildtafeln, Großformat.

Danièle Cardonne, **Baden-Baden · Stadtansichten.** Exclusiver Kunstband, Edition Stadt und Landschaft, 65 Farbmotive, Großformat, gebunden.

Malende Frauen, Schreibende Frauen, Künstlerinnen in unserer Gesellschaft, Ausstellungskatalog. 120 Seiten, 30 Abbildungen, Paperback.

Franzsepp Würtenberger, **Die Architektur der Lebewesen** – Architekturtheorie als Zivilisationskritik. Mit Zeichnungen von Burkhard Kalisch. 300 Seiten, 400 Illustrationen, gebunden, Großformat, Kunstband.

Vom Pompier-Corps zur Feuerwehr – Historische Gerätschaften aus dem Landkreis Karlsruhe. Eine Text- und Bilddokumentation, 160 Farbfotos, 152 Seiten, gebunden.

Sun Tsu – Über die Kriegskunst. Ein philosophischer Klassiker der Strategie. Aus dem Chinesischen übersetzt und kommentiert von Klaus Leibnitz. 160 Seiten, reich bebildert, Paperback. 2. Auflage.

Hansjörg Frommer, **Spindel, Kreuz und Krone** Herrscherinnen des Mittelalters: Adelheid, Theophanu, Gisela, Agnes, Richenza und Konstanze. 280 Seiten, illustriert, Paperback.

Hansjörg Frommer, **Die Salier und das Herzogtum Schwaben.** Reihe: Dokumente zur Geschichte. 160 Seiten, mit Abbildungen, Karten und Stammtafeln, Paperback.

Das badische Ständehaus – Text- und Bilddokumentation über das erste deutsche Parlamentsgebäude. Mit Textbeiträgen von Ernst Otto Bräunche, Gerhard Everke, Heinrich Hauß, Reiner Haehling von Lanzenauer, Wolfgang Leiser und Hans Georg Zier. Her-

ausgegeben von Udo Theobald, 144 Seiten, über 80 Abbildungen und historische Fotos, gebunden.

Gernot Lorsong, **Ladenburg – Von den Steinzeitjägern bis heute.** Streifzug durch die Geschichte einer alten Stadt. 260 Seiten, mit zahlreichen Abbildungen, historischen Fotos, Karten und Zeittafeln, Paperback.

Gert Boegner · **Kraichgau** · Streifzüge durch Land und Geschichte. Mit Textbeiträgen von Karl Banghard, Dieter Freiherr von Ravensburg, Ravan Freiherr Göler von Ravensburg, Hansjörg Maus, Prof. Dr. Otto Roller und Prof. Dr. Günter Stein. Fotobildband, 144 Seiten, 80 Farbmotive, Großformat, gebunden.

Gert Boegner · **Gardasee · Tor zum Süden** Fotobildband. 180 Seiten, 144 Farbfotos, gebunden, Großformat mit kaschiertem Schutzumschlag.

Ettlingen · Fotografische Impressionen. Bildband. Herausgegeben von Klaus E.R. Lindemann, Fotos von Thomas Zoller, Titus Tamm, Bernhard Schmitt, Jürgen Oeder, Roland T. Frank, Peter Sandbiller, Günter Nagel u.a., 180 Seiten, 300 Farbfotos gebunden.

Gerhard Söllner · **Für Badens Ehre · Die Geschichte der badischen Armee.** Formation, Feldzüge, Uniformen, Waffen, Ausrüstung von 1604 bis 1832. Großformat, gebunden, vierfarbig, mit über 100 Farbtafeln, 304 Seiten, Kunstdruckpapier, mit kaschiertem Schutzumschlag.

Helmut Oeß · **Dazwischen steht die Polizei** Polizeitensprünge auf Versfüßen. Alte Stiche – neu belichtet. ca. 160 Seiten, über 100 Abbildung, Großformat.

INFO VERLAGSGESELLSCHAFT KARLSRUHE
Postfach 33 67 · 76019 Karlsruhe
Telefon 0721 / 61 78 88 · Fax 0721 / 62 12 38

Erlesene
historische Schwarzwalduhren

R. Helfen

78141 Schönwald im Schwarzwald
Schwarzwaldstraße 16
Ruf / Fax 0 77 22 / 39 21

Terminabsprache erbeten

XII

9

6

III